NÓS E AS ESTRELAS

UM PASSEIO
ILUSTRADO
PELO CÉU

NÓS E AS ESTRELAS

KELSEY OSEID

TRADUÇÃO
DANDARA PALANKOF

DARKSIDE

SUMÁRIO

INTRODUÇÃO · 7

ONDE ESTAMOS no ESPAÇO · 8

as CONSTELAÇÕES · 11

Estrelas Brilhantes 17 · · · Precessão e Estrelas Polares Variáveis 18
A Eclíptica 20 · · · Constelações de Ptolomeu 22 · · · As Constelações Modernas 72
Instrumentos, Arte e Tecnologia 74 · · · Animais e Criaturas Míticas 78
Outras Constelações Modernas 84

a VIA LÁCTEA · 87

a LUA · 93

As Fases da Lua 94 · · · Tamanhos do Disco 98
Rotação Sincronizada 99 · · · Outros Fenômenos Lunares 100
Maria Lunarium 102 · · · Nomes para a Lua Cheia 104

o SOL · 107

Luz Solar é Luz Estelar 108 · · · Eclipses Lunares 110
Eclipses Solares 111 · · · As Auroras 112

os PLANETAS · 115

Estrelas Errantes **116** · · Mercúrio **119** · · Vênus **121**
Terra **123** · · Marte **125** · · Júpiter **127** · · Saturno **129**
Urano **131** · · Netuno **133** · · Objetos Mais Externos **134**

ASTEROIDES, COMETAS & METEOROS · 137

Cometas **138** · · Meteoros **140** · · Asteroides **144**

O ESPAÇO PROFUNDO · 147

Mensagens para as Estrelas **148** · · Missão Interestelar Voyager **150**
Espaço Profundo **152** · · Nebulosas **153** · · Tem Alguém Aí Fora? **154**

Agradecimentos · 157

Sobre a autora · 158

INTRODUÇÃO

Durante grande parte da história da humanidade, nosso entendimento do Cosmos foi baseado não em evidências científicas, mas em observações diretas do céu noturno, enquanto fitávamos sua escura e cintilante imensidão.

Um dia, nós imaginamos que o céu era algo como uma concha vazia e esférica envolvendo a Terra; e que as estrelas eram pontos brilhantes nessa concha. Quando começamos a notar que alguns desses pontos brilhantes faziam trajetórias diferentes no céu, mudamos nossa explicação: a Terra estava envolvida não por uma esfera, mas por muitas esferas de cristal perfeitamente transparentes, alojadas umas dentro das outras e girando em diferentes direções. A partir disso, mapeamos constelações, o Sol e a Lua.

Nossas antigas teorias sobre como o Universo funcionava eram imperfeitas, mas observar as estrelas ainda foi a chave para algumas das conquistas mais importantes da humanidade. Calendários baseados nos movimentos do Sol, da Lua e das estrelas foram muito importantes para o desenvolvimento dos primórdios da agricultura. A navegação baseada nas posições das constelações ajudou exploradores a velejarem pelo globo. A importância das estrelas em nossa história é inegável.

Com tantos de nós passando a maior parte do tempo em ambientes fechados e vivendo em cidades com poluição luminosa, nossa observação das estrelas muitas vezes é limitada a notar a Lua apenas em noite nas quais ela esteja particularmente luminosa. Mesmo a Via Láctea — nossa galáxia natal, que se parece com um tênue feixe de luz se estendendo pelo céu — é impossível de ser vista quando estamos afogados pela luz artificial de nosso mundo moderno. Acabamos esquecendo a magia do céu noturno.

Reservar um momento no qual seja possível olhar para cima é conectar-se a uma experiência humana ancestral e pode ser grande fonte de encantamento e assombro. Este livro é um passeio pelo céu noturno, centrado nos antigos nomes e histórias ainda em uso pelos astrônomos até hoje. Ele perpassa as características mais brilhantes de nosso Sistema Solar: as constelações, a Lua, as estrelas brilhantes e os planetas visíveis. E também se aprofunda em outros fenômenos celestes menos familiares, como planetas mais distantes e o espaço profundo. Em meio a tudo isso, vamos explorar um pouco da antiga mitologia por trás de nosso céu noturno, bem como as bases científicas por trás daquilo que vemos — e não vemos — nas estrelas.

ONDE ESTAMOS no ESPAÇO

QUANDO FALAM SOBRE OS FENÔMENOS CELESTES QUE NOS RODEIAM, ALGUNS PROFESSORES DE CIÊNCIAS CONSIDERAM DE GRANDE AUXÍLIO COMEÇAR POR NOSSO "ENDEREÇO CÓSMICO".

Nós vivemos num planeta chamado
TERRA

Orbitando uma estrela chamada
SOL

Em um sistema chamado
SISTEMA SOLAR

Em uma galáxia chamada
VIA LÁCTEA

Em um grupo de galáxias chamado
GRUPO LOCAL

Que é parte do
SUPERAGLOMERADO de VIRGEM

Apenas um entre milhões de superaglomerados no
UNIVERSO OBSERVÁVEL

AS CONSTELAÇÕES

Os limites oficiais da **Ursa Maior** são definidos pela cintilante forma azul que você vê aqui. O formato da constelação como ele é tradicionalmente imaginado é indicado pelas linhas pontilhadas, enquanto as linhas contínuas marcam seu familiar asterismo, o **Grande Carro**.

as CONSTELAÇÕES

Constelações são, ao mesmo tempo, algo muito antigo e muito novo. Nós demos a elas nomes que soam muito arcaicos — Aquila, Hydrus, Equuleus, Grus —, baseados em palavras de línguas já mortas. E nós atribuímos a elas mitos antigos, repletos de deuses, magia, aventura e vingança. O que poderia ser mais arcaico?

Mas, na verdade, de certo modo, as figuras no céu são temporárias. O próprio fato de nós as vermos depende de nossa perspectiva no tempo e no espaço, porque o Universo está constantemente se deslocando e mudando. Se por acaso tivéssemos surgido em outra época ou lugar, as estrelas pareceriam completamente diferentes aos nossos olhos. E ainda que, para nós, as estrelas que formam as constelações pareçam muito perto umas das outras, na maioria dos casos, suas verdadeiras posições no espaço não têm proximidade alguma. Nós podemos vê-las com uma aparência plana, mas as estrelas, é claro, existem em três dimensões. Se você pudesse deslocar seu ponto de vista, viajando até uma estrela diferente, não reconheceria nenhuma das constelações familiares.

É difícil compreender o fato de que os formatos dessas estrelas, que parecem ser partes tão estáveis de nosso mundo, em uma escala cósmica de tempo, são efêmeros. Não gostamos de ser lembrados de nossa natureza temporária, então, nos apegamos às constantes que parecem mais incontestáveis. Quando olhamos para o céu, queremos reconhecer o que vemos. E, até agora, fomos capazes de fazer exatamente isso.

A escala temporal da humanidade é minúscula se comparada à escala do Universo — a humanidade moderna existe há cerca de 200 mil anos, enquanto atualmente estima-se que o Universo tenha 13,8 bilhões de anos. As estrelas têm se movido, mas de forma tão lenta que, para nós, parece que elas mal saíram do lugar. Nosso Sistema Solar tem se movido devagar, também. Mas, ainda assim, até onde conseguimos nos lembrar, as constelações sempre tiveram a mesma aparência de hoje.

• •

Na astronomia, o termo **constelação** na verdade se refere à área no interior dos limites traçados em torno dessa porção do céu, não ao brilhante grupo propriamente dito de estrelas reconhecíveis a olho nu. Os astrônomos chamam esses grupos brilhantes de **asterismos**. Muitas — se não a maioria — das constelações contêm asterismos de mesmo nome (as estrelas brilhantes que delimitam a constelação de Orion delineiam uma forma: a de Órion, o caçador). Outras constelações contêm asterismos reconhecíveis no interior de seus limites (a constelação da Ursa Maior contém o asterismo do Grande Carro).

Apesar de asterismos facilmente reconhecíveis, como o Grande Carro, serem úteis para nos orientarmos quando olhamos para o céu, neste livro vamos focar nas constelações definidas pela **União Astronômica Internacional** (IAU, na sigla em inglês). Essas são as coordenadas que os astrônomos usam para descrever a localização celeste da ocorrência de qualquer fenômeno em particular e elas abrangem todo o céu.

· · ·

As constelações nos servem como uma espécie de legenda cartográfica; nós atribuímos cada estrela que pode ser vista da Terra, seja ela visível a olho nu ou por telescópio, a uma constelação. Outros fenômenos espaciais também são atribuídos às constelações — um astrofísico poderia se referir a "uma nebulosa na constelação de Touro" ou a um "exoplaneta na constelação de Pegasus". Mesmo que não possamos ver esses elementos no espaço profundo a olho nu, podemos localizar os limites de suas constelações.

Ao longo do tempo, culturas de todo o mundo têm nomeado e utilizado incontáveis constelações, com várias delas se sobrepondo. Em 1930, em um esforço de criar um sistema que pudesse ser usado por astrônomos amadores e profissionais, a IAU publicou uma carta celeste universal, abrangendo 88 constelações; esse é o sistema usado atualmente pelos astrônomos.

Mais da metade dessas 88 constelações vem do século II, quando **Cláudio Ptolomeu**, um filósofo e astrônomo greco-egípcio, publicou um influente trabalho sobre as estrelas chamado *Almagesto*. Ele escolheu nomes para as constelações baseados em referências de sua cultura, então são abundantes as figuras da antiga mitologia grega, bem como animais e objetos comuns aos gregos antigos (muitos dos nomes também têm raízes na mitologia da Babilônia e da Suméria). Nos séculos XVI e XVII, os astrônomos europeus adicionaram as constelações restantes. Essas últimas que foram adicionadas serviram para preencher as lacunas que não foram incluídas nas cartas celestes pelo sistema de Ptolomeu, para que o céu inteiro pudesse ser dividido em constelações. Muitos dos nomes dessas constelações mais recentes fazem referência às novas tecnologias daquela época, bem como a animais que os exploradores europeus estavam encontrando pela primeira vez enquanto navegavam pelo mundo para mapear os céus do Hemisfério Sul.

A maioria de nossos ancestrais que estudaram as estrelas, incluindo Ptolomeu, acreditava em uma variação ou outra da teoria de uma **esfera celeste**: que as estrelas eram apenas pontos de luz embutidos em uma esfera que circundava a Terra e que a Terra era o centro do Cosmos.

De fato, a crença em uma esfera celeste era tão forte que muitas das antigas descrições das constelações eram na verdade desenhadas como imagens-espelho do modo como as víamos da Terra. O intuito disso era representar o modo como se imaginava que os deuses fora da esfera as viam.

a ESFERA CELESTE

Nós, humanos, somos famosos por nossa habilidade de reconhecimento de padrões — encontramos significados em todo lugar, esteja ele lá de verdade ou não. Desde tempos ancestrais, notamos grupos de estrelas brilhantes no céu e as categorizamos em constelações, mesmo quando elas mal carregavam qualquer similaridade com as figuras e objetos que representam. O zigue--zague brilhante da Cassiopeia se parece tanto assim com um trono? O quanto as estrelas que delineiam o corpo em forma de ampulheta de Orion se parecem de fato com o torso de uma pessoa? Que as estrelas estejam "organizadas" de qualquer modo em particular, quando vistas da Terra, nada mais é do que uma simples coincidência; mas nosso desejo de encontrar um padrão — um significado — nas constelações é indicativo de um fenômeno chamado **falso reconhecimento de padrão**. Muitos exemplos dele podem ser encontrados ao longo da história da astronomia; reconhecemos a nós mesmos e objetos de nosso mundo nas estrelas por causa do falso reconhecimento padrão. E aquilo que vemos nas estrelas diz muito a nosso respeito.

Até hoje, as constelações ainda são úteis para nós, habitantes da Terra. Elas são um meio de entendermos em duas dimensões um cosmos tridimensional incrivelmente complexo. Ao aprendermos seus nomes e um pouco sobre as histórias ligadas a esses nomes, começamos a construir um vocabulário para entender e falar a respeito do céu noturno.

Nota dos editores: Ao longo do livro, os nomes das constelações observam a grafia em latim, ao passo que os nomes das figuras mitológicas que as inspiraram foram traduzidos para o português (como, por exemplo, **Pegasus**, a constelação, e **Pégaso**, o cavalo alado).

ESTRELAS BRILHANTES

O relativo brilho, ou falta dele, em uma estrela, para um observador na Terra, depende de vários fatores. O primeiro deles é a proximidade da estrela em relação à Terra. Quanto mais próxima de nosso Sistema Solar estiver a estrela, mais brilhante ela vai parecer; e menos se estiver mais afastada.

Mas nem todas as estrelas brilhantes no céu estão próximas a nós. Algumas estrelas apenas são maiores e outras são mais intrinsecamente luminosas. Elas podem estar até mais distantes da Terra do que outras estrelas, mas as vemos com a mesma clareza, ou até mais. Às vezes, interpretamos pontos brilhantes no céu como estrelas, mas na verdade eles são **sistemas estelares** constituídos de duas ou mais estrelas — o que também pode aumentar a magnitude de seu brilho quando visto da Terra.

Apesar de muitos nomes antigos de constelações terem raízes no grego e no latim, muitos dos nomes das estrelas brilhantes reconhecidos oficialmente têm raízes no árabe. Estudiosos de todo o mundo islâmico foram essenciais para o avanço da astronomia durante a época medieval. Enquanto grande parte da Europa Ocidental estava envolta pelo anti-intelectualismo da Idade das Trevas, os pesquisadores islâmicos estavam em meio ao que nos referimos como a Era de Ouro Islâmica, que incluía a astronomia. Astrônomos como **Abd al-Rahman al-Sufi** [também chamado de Azofi] criaram guias celestes com nomes árabes para as estrelas, muitas vezes baseados em histórias sobre corpos celestes correntes naquela época. Esses nomes árabes foram traduzidos (e por vezes latinizados) para os nomes oficiais dessas estrelas, muitos dos quais ainda são usados nos dias de hoje.

PRECESSÃO & ESTRELAS POLARES ALTERNANTES

Se você mora no Hemisfério Norte, provavelmente já ouviu falar da Estrela Polar ou Estrela do Norte, também chamada de Polaris. Ela não é uma estrela particularmente luminosa, mas é importante por causa de sua posição no céu.

Localizada na constelação da Ursa Menor, Polaris permanece fixa sobre nossas cabeças, enquanto todas as outras estrelas visíveis parecem girar em torno dela. Isso faz dela uma ferramenta de navegação bastante útil, pois não importa a hora da noite ou a época do ano, ela sempre apontará para o norte — quer dizer, pelo menos por mais algumas centenas de anos, mais ou menos. Apesar de Polaris aparentar ser absolutamente fixa no céu, ela não será para sempre a Estrela do Norte por causa de um processo chamado **precessão**. A Terra gira em um eixo norte-sul que é ligeiramente inclinado, o que nos dá diferentes estações em diferentes épocas do ano durante nossa órbita em torno do Sol. Mas a inclinação do eixo da Terra também passa por ciclos. Ele se alterna pouco a pouco em um grau imperceptível na escala de uma vida humana, mas que se torna óbvio ao longo de centenas e de milhares de anos. Quando os egípcios antigos estavam construindo as pirâmides, uma estrela chamada **Thuban**, na constelação de Draco, era a estrela do Polo Norte. Há até evidências de que algumas das pirâmides foram construídas para se alinharem a Thuban.

Cada estrela polar permanece em sua posição aparentemente fixa apenas até o eixo da Terra se mover para longe dela; o processo é cíclico. Leva cerca de 26 mil anos para o eixo da Terra completar um ciclo completo antes de recomeçar. Nos dias de hoje, o eixo está inclinado de uma forma que coloca Polaris diretamente sobre o Polo Norte. Daqui a 26 mil anos, Polaris será a Estrela do Norte outra vez.

a ECLÍPTICA

Conforme a Terra segue sua rotação diária, os objetos no céu noturno parecem nascer e se pôr, traçando um enorme arco pelo céu conforme passam por ele. As estrelas parecem viajar mais ou menos pelo mesmo caminho durante o intervalo de tempo da noite. Mas se você observar com cuidado, vai notar uns poucos pontos brilhantes que se parecem com estrelas, mas que viajam por um caminho completamente diferente. Esses elementos são os planetas.

A palavra *planeta* vem de uma antiga frase em grego que significa "estrela errante", porque, para os antigos, os planetas se pareciam com estrelas que tinham decidido não seguir as outras e, em vez disso, faziam seu próprio caminho. Esse caminho singular traçado no céu pelos planetas e pela Lua, à noite, e pelo Sol durante o dia, é chamado de **eclíptica**.

Se você traçar uma linha imaginária por esse caminho em uma carta celeste, ela cruzaria treze constelações. Elas são Áries, Touro, Gêmeos, Câncer, Leão, Virgem,

Libra, Escorpião, Ofiúco, Sagitário, Capricórnio, Aquário e Peixes. Todas, com exceção de Ofiúco, que mal toca a eclíptica, são familiares a muitos de nós como os doze signos da **astrologia** ocidental e também são conhecidas como as **constelações do zodíaco**.

Por causa de um fenômeno chamado **movimento retrógrado aparente**, os planetas às vezes parecem interromper sua jornada pela eclíptica, reverter sua direção e viajar no sentido contrário por curtos períodos de tempo, então mudam outra vez e continuam em suas direções originais. Pelo fato de os astrônomos antigos terem endossado um modelo **geocêntrico** do Universo — a ideia de que a Terra estava no centro de tudo —, eles viam o Cosmos como uma espécie de plano bidimensional. Matemáticos e astrônomos que acreditavam no modelo geocêntrico desenvolveram equações complicadas, e às vezes sofisticadas, para justificar o movimento dos planetas em relação às estrelas. Eles conseguiam formular os cálculos, mas não conseguiam conceber a realidade física do que estava realmente acontecendo no céu sobre suas cabeças.

Hoje, sabemos que o Sol — não a Terra — está no centro de nosso Sistema Solar. A astronomia moderna pode calcular o movimento retrógrado aparente porque enxerga o Universo em três dimensões. Na época atual, já sabemos que o movimento retrógrado aparente nada mais é que um truque de perspectiva causado pelas posições relativas dos planetas em suas órbitas.

CONSTELAÇÕES de PTOLOMEU

Cláudio Ptolomeu foi o antigo astrônomo que nomeou muitas das constelações. Ptolomeu viveu em Alexandria, no Egito, durante o século II e estudou diversos assuntos, incluindo astronomia, matemática, geografia e até astrologia. Seu *Almagesto*, um abrangente panorama de suas observações sobre a esfera celeste, incluía um catálogo de estrelas e suas constelações.

Sendo greco-egípcio, o trabalho de Ptolomeu foi moldado por interpretações clássicas do céu noturno, razão pela qual tantas constelações receberam nomes latinos e gregos. Ele também foi influenciado pela antiga história da astronomia, que tinha raízes na Mesopotâmia ancestral, e seu sistema de constelações combinava essas antigas constelações mesopotâmicas, antigas constelações gregas e romanas e umas poucas constelações de categorização recente. Com frequência, às constelações que de certo modo haviam sido descritas desde a época da Babilônia foram atribuídos nomes e histórias que remetiam à antiga mitologia grega, que era altamente valorizada por Ptolomeu e seus contemporâneos.

O *Almagesto* era considerado o principal trabalho sobre as constelações até o século XVIII, quando astrônomos europeus começaram a fazer inclusões (e às vezes até alterações) nas cartas celestes de Ptolomeu. Apesar de ter sido modificado por incontáveis astrônomos durante essa época, o sistema de Ptolomeu sobreviveu quase intacto. Hoje em dia, as 48 constelações sobre as quais ele escreveu estão em uso como parte de um sistema oficial internacionalmente reconhecido formado por 88 constelações.

ANDRÔMEDA
a princesa

ESTRELA MAIS BRILHANTE

Alpha Andromedae
ou
Alpheratz

A princesa **Andrômeda** aparece em papéis secundários nas histórias de muitas de suas constelações vizinhas. Sua mãe, a **rainha Cassiopeia**, se gabava dela em um incidente que, por fim, incorreu na ira dos deuses. Ela foi oferecida como sacrifício por seu pai, o **rei Cefeu**, e quase foi devorada por **Cetus**, o monstro marinho. Ela também bancou a donzela em perigo para o herói **Perseu**, com quem mais tarde se casaria. Em cartas celestes ilustradas, muitas vezes ela aparece algemada pelas correntes que seu pai usou para prendê-la à rocha na qual deveria ser sacrificada. Embora com frequência seja descrita como frágil, Andrômeda sobreviveu e veio a se tornar rainha e mãe de nove filhos — talvez ela não fosse assim tão frágil, afinal de contas.

Essa constelação contém a **Galáxia de Andrômeda**, a mais próxima da nossa. Está tão distante de nós quanto praticamente qualquer outro objeto visível no céu noturno sem ajuda da tecnologia e só pode ser vista sob as melhores condições de observação estelar. A Galáxia de Andrômeda é quase duas vezes maior que a **Via Láctea**, nossa galáxia, e a ciência prevê que nos próximos poucos bilhões de anos, as duas irão colidir e espiralar juntas, tornando-se uma supergaláxia.

ESTRELA MAIS BRILHANTE

Beta Aquarii ou Sadalsuud

AQUARIUS
o aguadeiro

Aquarius, ou **Aquário**, uma das doze constelações do zodíaco que se encontram ao longo da **eclíptica**, está associada ao signo astrológico de mesmo nome. É a décima maior constelação no céu, mas é formada por estrelas relativamente fracas, ou mortiças. As representações de Aquário geralmente o mostram segurando um vaso ou um grande jarro, derramando água sobre a constelação de **Piscis Austrinus**, o Peixe Astral.

Aquário está na região do céu conhecida como "o mar", assim nomeada por causa das várias constelações de temática marítima que se localizam ali, incluindo **Capricórnio**, o bode marinho; **Cetus**, a baleia; **Delphinus**, o golfinho; e **Peixes**. O nome de sua estrela mais brilhante, **Sadalsuud**, vem de uma frase em árabe que significa "o mais sortudo entre os sortudos".

ESTRELA MAIS BRILHANTE

Alpha Aquilae
OU
Altair

AQUILA *a águia*

As águias aparecem com frequência na mitologia grega; assim, existem muitos mitos gregos associados a essa constelação. Em um deles, **Hera**, a esposa de **Zeus**, transformou um infeliz viúvo em uma águia e o colocou entre as estrelas para ajudá-lo a esquecer de seu sofrimento. Em outro, Zeus transformou a si mesmo em uma águia, de modo a enganar e sequestrar **Ganimedes** (que também é o nome de uma das luas de **Júpiter**). E ainda que mitos gregos tenham sido atribuídos a Aquila desde o tempo de Ptolomeu, na verdade há referências à constelação como sendo uma águia em catálogos celestes da Babilônia de séculos atrás. É fácil perceber como esse grupo de estrelas pode ser visto como a forma de um pássaro e, se há uma ave digna de um lugar permanente entre as estrelas lá do céu, essa seria a poderosa águia.

A estrela mais brilhante de Aquila, **Altair**, cujo nome vem de "águia" em árabe, está a apenas dezessete anos-luz de distância da Terra, tornando-a uma de nossas estrelas brilhantes mais próximas.

ESTRELA MAIS BRILHANTE

Beta Arae

ARA *o altar*

O altar é outro símbolo comum na mitologia grega. Na história geralmente atribuída a essa constelação, os próprios deuses se reuniram em torno de um altar a fim de jurar sua lealdade mútua ao se prepararem para depor os **Titãs**. Depois dessa reunião, **Zeus**, **Héstia**, **Deméter**, **Hera**, **Hades** e **Poseidon** conseguiram derrotar os Titãs e assumiram o controle do Universo. Assim, desde o mais remoto princípio, altares eram importantes em qualquer história que envolvesse os deuses. Mais tarde, os altares assumiram um papel diferente, como locais de sacrifício para esses mesmos deuses.

Ara é uma das menores constelações, e, considerando seu tamanho, ela fica em 63º lugar entre as outras 88. Ela se situa ao longo da **Via Láctea**, então, em algumas representações, o brilho da galáxia representa a fumaça subindo de um sacrifício feito no altar. A constelação contém a **supergigante vermelha Westerlund 1-26**, uma das maiores estrelas já identificadas.

ESTRELA MAIS BRILHANTE

Gamma Velorum

ESTRELA MAIS BRILHANTE

Zeta Puppis ou Naos

ESTRELA MAIS BRILHANTE

Alpha Carinae ou Canopus

PUPPIS a popa

VELA o velame

CARINA a quilha

ARGO NAVIS o barco dos argonautas

A **Argo Navis** foi batizada em referência ao **Argo**, o barco no qual **Jasão e os argonautas** velejaram segundo o antigo mito grego. É a única das constelações de Ptolomeu que não tem mais sua forma original. A área total que ela ocupava no céu era maior e mais desengonçada, então, os astrônomos modernos a dividiram em três constelações menores: **Carina** é a quilha do navio, **Puppis** é sua popa e **Vela** é o velame do barco.

Acredita-se que o nome da estrela mais brilhante de Carina, **Canopus**, tenha origem no nome de um marinheiro de um mito grego diferente. O nome alternativo de **Naos**, dado à estrela mais brilhante de Puppis, vem do termo grego para "navio". **Gamma Velorum**, a estrela mais brilhante de Vela, não possui um nome alternativo oficial.

ESTRELA MAIS BRILHANTE

Alpha Arietis
ou
Hamal

ÁRIES o carneiro

Áries é uma das doze constelações do zodíaco, associada ao signo astrológico de mesmo nome. A constelação é representada no sistema de Ptolomeu como um carneiro, e a astronomia dos antigos egípcios a associava a um deus com a cabeça do animal. Ptolomeu provavelmente foi influenciado por essas representações, mas também já foi dito que Áries representa o carneiro com tosão/velo de ouro procurado por **Jasão e os argonautas** na mitologia grega.

A constelação de Áries contém várias galáxias distantes, incluindo algumas tão próximas umas das outras que seus campos gravitacionais começaram a colidir (similar ao modo como nossa galáxia, a **Via Láctea**, pode um dia colidir com a galáxia vizinha, **Andrômeda**).

O nome alternativo da estrela mais brilhante da constelação, **Hamal**, significa "cabeça de carneiro" em árabe.

ESTRELA MAIS BRILHANTE

Alpha Aurigae
ou
Capella

AURIGA
o cocheiro

A palavra **Auriga**, em latim, significa "condutor de biga" e essa constelação é geralmente representada como um cocheiro ou como um capacete pontudo de cocheiro. Na astronomia babilônica, a constelação de Auriga era representada como um cajado de pastor de ovelhas; muitas representações mostram o cocheiro carregando um bode.

O nome alternativo para a estrela mais brilhante dessa constelação, **Capella**, vem de "cabra", em latim. Apesar de Capella parecer uma única estrela brilhante — quando observada da Terra, ela é um dos objetos mais brilhantes no céu noturno — ela, na verdade, é um **sistema estelar** constituído de dois pares de **estrelas binárias**.

ESTRELA MAIS BRILHANTE

Alpha Boötis
ou
Arturo

BOÖTES
o pastor

Boötes, o pastor, é reconhecível pelo **asterismo** em forma de pipa que constitui seu corpo. Seu nome vem da palavra "pastor" em grego antigo e ele quase sempre é retratado carregando um bastão ou um cajado de pastor em uma das mãos e uma foice na outra. Às vezes, ele também é mostrado segurando em uma coleira os cães da constelação vizinha de **Canes Venatici**, ou **Cães de Caça**.

A estrela mais brilhante em Boötes, **Arturo**, também é uma das estrelas mais brilhantes no céu noturno. O nome Arcturus vem da expressão "vigia de ursos" em grego antigo — Boötes se localiza próxima à **Ursa Maior** e várias descrições falam dele protegendo um rebanho dos ursos, caçando ursos ou mesmo pastoreando os ursos.

ESTRELA MAIS BRILHANTE

Beta Cancri ou Altarf

CÂNCER
o caranguejo

Câncer é uma das doze constelações do zodíaco, associada ao signo astrológico de mesmo nome. A palavra *câncer* vem de "caranguejo" em latim. A constelação tem um brilho bem fraco se comparado ao de outros agrupamentos estelares — na verdade, é a menos brilhante de todas as constelações do zodíaco. Os humanos ancestrais deram a ela um nome e uma história mesmo assim, provavelmente para preencher a lacuna ao longo da **eclíptica** entre suas vizinhas mais brilhantes, **Gêmeos** e **Leão**.

Câncer é lar de um dos aglomerados **estelares abertos** mais próximos de nosso Sistema Solar: **Messier 44**, apelidado de **Aglomerado da Colmeia**. Esse agrupamento de estrelas é visível a olho nu como um nebuloso borrão, então, mesmo os astrônomos de antigamente conseguiam vê-lo. No século XVII, **Galileu Galilei** observou a Colmeia com um telescópio e conseguiu identificar nela quarenta estrelas individuais. Hoje, sabemos que a Colmeia contém mais de mil estrelas.

O nome da estrela mais brilhante de Câncer, **Altarf**, vem do termo *extremidade* em árabe.

CANIS MAJOR
o maior dos cães

> **ESTRELA MAIS BRILHANTE**
>
> Alpha Canis Majoris
> ou
> Sirius

Canis Major, ou **Cão Maior,** está posicionada bem a sudeste da constelação de **Orion** e parece segui-la durante a viagem de ambas pelo céu; assim, o maior dos cães é muitas vezes representado como companheiro de caça de Órion. Ele também é imaginado, às vezes, como a cadela mitológica **Laelaps,** que possuía a habilidade de capturar qualquer coisa que ela perseguisse.

A estrela mais brilhante de Cão Maior, **Sirius,** é também a estrela mais brilhante de nosso céu noturno — ela é quase duas vezes mais cintilante que a estrela mais próxima dela. Seu nome vem do termo em grego antigo para "abrasador" ou "brilhante". Em tempos ancestrais, era uma estrela importante para a navegação e a constituição dos calendários. Na verdade, ela é um **sistema estelar binário** que nossos olhos percebem como uma única estrela. O sistema estelar é muito luminoso e relativamente próximo à Terra, fazendo com que seu brilho pareça bastante forte. Sirius também é mencionada como a "estrela canina" e a expressão corrente na língua inglesa, *the dog days of summer* ("dias caninos de verão"), se refere aos dias mais quentes dessa estação, quando o Sol e Sirius nascem mais ou menos ao mesmo tempo.

ESTRELA MAIS BRILHANTE

Alpha Canis Minoris ou Prócion

CANIS MINOR *o cão menor*

Como sua vizinha **Cão Maior**, a **Canis Minor**, ou **Cão Menor**, é geralmente representada como um dos cães de caça de Órion. Às vezes também se diz que ela é a raposa do mito de **Laelaps**. A cadela Laelaps, representada no céu pela Cão Maior, era capaz de capturar qualquer coisa e a **raposa Teumessian**, representada pela Cão Menor, era capaz de nunca ser capturada. A cadela começou a perseguir a raposa e um paradoxo foi criado. Quando Zeus notou isso, ele pôs fim à questão ao colocar as duas criaturas no céu.

Assim como a Cão Maior, a Cão Menor contém uma estrela brilhante: **Prócion** é a oitava estrela mais brilhante em nosso céu noturno. Porém, diferente de **Sirius**, Prócion não é assim tão luminosa de verdade — ela apenas está relativamente próxima ao nosso Sistema Solar, então, seu brilho parece bem maior para nós. O nome Prócion vem da expressão "antes do cão" em grego antigo, uma vez que ela nasce e se põe logo antes de Sirius, a chamada "estrela canina".

ESTRELA MAIS BRILHANTE

Delta Capricorni
ou
Deneb Algedi

CAPRICORNUS
o bode marinho

Capricornus, ou **Capricórnio**, é uma das doze constelações do zodíaco, associada ao signo astrológico de mesmo nome. Ela é quase sempre representada como um bode marinho, uma **quimera** com a cabeça de um bode e o corpo de um peixe. Os antigos gregos associavam ela a **Pã**, deus de chifres dos pastores e dos rebanhos. Mas essa constelação tem suas raízes em histórias ainda mais antigas, com os sumérios, que a chamavam de "bode-peixe".

Capricórnio se localiza na região do céu conhecida como "o mar" por causa das várias constelações com temas aquáticos que ela contém, incluindo as constelações fronteiriças a Capricórnio, como **Aquário**, o aguadeiro, e **Piscis Austrinus**, o Peixe Austral.

O nome de sua estrela mais brilhante, **Deneb Algedi**, é proveniente da expressão "a cauda do bode" em árabe.

ESTRELA MAIS BRILHANTE

Alpha Cassiopeiae ou Schedar

CASSIOPEIA a rainha

Cassiopeia é uma das constelações mais brilhantes e mais facilmente reconhecíveis no céu, aparecendo como um brilhante *W* ou *M*, dependendo do ponto de onde está sendo observada. Na mitologia grega, Cassiopeia era uma rainha que governava ao lado do **rei Cefeu**. Ela era muitas vezes chamada de "rainha vaidosa" porque sua história começa com ela se gabando de sua beleza.

No desenrolar da história, Cassiopeia afirma que ela e sua filha **Andrômeda** eram mais bonitas que as ninfas do mar. Como vingança, o deus dos mares **Poseidon** envia um monstro marinho, **Cetus**, para destruir seu reino. Cassiopeia então é colocada no céu em uma posição na qual estaria de cabeça para baixo em metade do ano, como punição. Agora, ela gira eternamente ao redor do céu, passando metade de seu tempo de ponta-cabeça.

O nome da estrela mais brilhante de Cassiopeia, **Schedar**, vem do termo árabe para "peito" e, em muitas representações, está localizada no peito da rainha.

ESTRELA MAIS BRILHANTE

Alpha Centauri

CENTAURUS
o centauro

Centauros são criaturas com corpo de cavalo e torso e cabeça de homem, uma invenção da mitologia grega. Há dois centauros no céu: **Sagitário**, o arqueiro, e **Centaurus**. Geralmente, dizem que Centaurus representa o sábio centauro **Quíron**, professor e instrutor de muitas divindades da mitologia grega.

A estrela mais brilhante de Centaurus, **Alpha Centauri**, é uma das mais brilhantes no céu e é, na verdade, um sistema composto de duas estrelas: **Alpha Centauri A** e **Alpha Centauri B**, junto de uma **anã vermelha** chamada **Proxima Centauri**. O sistema de Alpha Centauri é o **sistema estelar mais próximo de nós** — Proxima Centauri, o componente mais próximo desse sistema, está a apenas quatro anos-luz de distância.

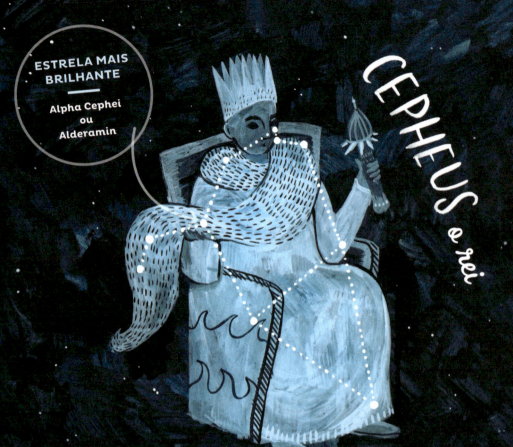

ESTRELA MAIS BRILHANTE

Alpha Cephei ou Alderamin

CEPHEUS o rei

Na mitologia grega, **Cepheus**, ou **Cefeu**, era marido de **Cassiopeia** e pai de **Andrômeda**. Quando Cassiopeia se gabou de sua beleza e da de sua filha e, ainda, incitou a ira do deus dos mares **Poseidon**, Cefeu viu seu reino ameaçado e consultou um oráculo sobre como salvá-lo. O oráculo disse a ele para acorrentar a filha em uma pedra — e se **Perseu** não tivesse surgido no último minuto para salvar Andrômeda, ela teria sido devorada pelo monstro marinho **Cetus**. Ainda que alguns registros descrevam Cefeu implorando aos deuses para salvarem Andrômeda, contudo, esse não é o retrato dos mais lisonjeiros para um rei. Mesmo assim, Cefeu de algum modo ainda conseguiu receber um lar permanente entre as estrelas.

A constelação de Cefeu contém algumas das maiores estrelas conhecidas no Universo, bem como o **buraco negro** mais massivo de que se tem conhecimento.

CETUS, o monstro marinho

ESTRELA MAIS BRILHANTE

Beta Ceti ou Diphda

Cetus é a quarta maior constelação no céu. Seu nome vem da expressão "grande peixe" ou "monstro do mar" em latim (**Cetacea** também é o nome científico para o ramo de mamíferos que inclui baleias e golfinhos). Nos tempos modernos, já se referiram a Cetus como "a baleia", mas descrições ancestrais de sua constelação geralmente se referem ao monstro marinho do mito de **Perseu** e **Andrômeda**. Ele foi enviado para destruir o reino de **Cassiopeia** e quase matou Andrômeda antes de ser impedido por Perseu. Cetus está em uma área do céu noturno chamada de "o mar", por causa de suas muitas constelações com temas aquáticos, como **Aquário**, o aguadeiro; **Delphinus**, o golfinho; e **Erídano**, o rio.

O nome de sua estrela mais brilhante, **Diphda**, vem do termo árabe para "sapo".

CORONA AUSTRALIS *a coroa do sul*

ESTRELA MAIS BRILHANTE

Alpha Coronae Australis
ou
Alphekka Meridiana

A despeito do fato de *corona* significar "coroas" em latim, nas antigas cartas celestes a **Corona Australis**, ou **Coroa do Sul**, é representada como uma coroa de louros. Grinaldas como essas, às vezes, eram dadas como prêmios aos vencedores de competições na Grécia antiga e aparecem ao longo de toda a mitologia. Corona Australis por vezes é descrita como a grinalda caída da cabeça de **Sagitário**, sua constelação vizinha ao norte.

Ela é uma das menores constelações, estando em octogésimo lugar entre as 88 e muitas vezes é considerada como a contraparte ao sul da outra coroa no céu, **Corona Borealis** (*austral*, em latim, significa "do sul").

Sua estrela mais brilhante, **Alphekka Meridiana**, tem esse nome em alusão à estrela mais brilhante da Corona Borealis.

CORONA BOREALIS
a coroa do norte

ESTRELA MAIS BRILHANTE

Alpha Coronae Borealis ou Alphekka

A antiga mitologia grega é cheia de reis, rainhas e realezas de todos os tipos. A **Corona Borealis** às vezes é considerada como a coroa de **Hefesto**, o deus grego dos metais e do fogo, feita para ser usada pela princesa **Ariadne de Creta** em seu casamento com o deus **Dionísio**. Mas a Corona Borealis, na verdade, pode representar qualquer uma das muitas coroas encontradas na mitologia grega.

Sua estrela mais brilhante foi batizada como **Alphekka**, que vem do nome árabe da constelação e significa "partido", uma referência ao modo como o aro de estrelas aparenta estar quebrado no topo. Às vezes, a estrela mais brilhante também é chamada de **Gemma**, do termo em latim para "joia" ou "gema".

ESTRELA MAIS BRILHANTE

Delta Crateris

CRATER a taça

Crater é uma constelação de pouco brilho na parte sul do céu; ela representa a taça no mito comumente associado às suas constelações vizinhas, **Corvus**, o corvo, e **Hydra**, a cobra d'água.

Crater e Corvus são ambas associadas a figuras de um mito grego sobre o deus **Apolo**. Nele, Apolo instruiu um corvo a trazer para ele água de uma nascente. Ele deu uma taça ao pássaro e o pôs a caminho.

Mas o corvo se distraiu com uma figueira e passou vários dias esperando que seus frutos amadurecessem antes de, por fim, encher a taça e retornar para um frustrado Apolo.

O corvo tentou colocar a culpa de seu atraso na cobra d'água que vivia na nascente. Apolo não acreditou nessa história e, enfurecido, atirou o corvo, a taça e a cobra no céu, onde eles se tornaram as constelações de Corvus, Hydra e Crater.

ESTRELA MAIS BRILHANTE

Gamma Corvi
ou
Gienah

CORVUS *o corvo*

Corvus, que faz divisa com **Crater**, é outra constelação relativamente pequena e de pouco brilho. O mito primitivo associado a ela é a mesma história atribuída a Crater. Além da punição que recebeu de **Apolo** naquela história — o aprisionamento no céu como uma constelação —, dizem que o corvo recebeu várias outras punições pelas mãos dos deuses, incluindo ser amaldiçoado com um feitiço que lhe deu sua inconfundível cor preta azeviche, e o posicionamento de uma taça de água,

Crater, bem no limite do alcance de Corvus. No mito grego, o seco som de "crá-crá" feito pelos corvos é um legado da eterna sede de Corvus.

Corvus também é o nome científico do gênero de aves que inclui corvos e gralhas-pretas.

O nome da estrela mais brilhante dessa constelação, **Gienah**, vem da expressão em árabe "a asa direita do corvo".

ESTRELA MAIS BRILHANTE

Alpha Cygni
ou
Deneb

CYGNUS o cisne

Cygnus ou **Cisne**, está situada ao longo da **Via Láctea** e é representada como um cisne. Ela é reconhecível pelo **asterismo** em forma de cruz que compõe o corpo e as partes principais das asas, chamado de **Cruzeiro do Norte**, ao qual alguns observadores estelares também chamam de "espinha dorsal da Via Láctea".

O nome Cygnus vem da palavra grega para "cisne" e vários mitos gregos foram atribuídos a ela, muitos dos quais envolvem pessoas se disfarçando como cisnes ou sendo transformadas na ave pelos deuses.

O nome da estrela mais brilhante de Cygnus, **Deneb**, vem do termo em árabe para "traseira" ou "cauda" e, na maioria das representações, Deneb está localizada na cauda do cisne. **Altair**, a estrela mais brilhante de **Aquila**, **Vega**, a estrela mais brilhante de **Lyra**, e Deneb formam o **Triângulo de Verão**, um proeminente asterismo que abarca essas três constelações e é visível no Hemisfério Norte durante os meses do verão.

DELPHINUS
o golfinho

ESTRELA MAIS BRILHANTE

Beta Delphini ou Rotanev

Golfinhos eram animais bem familiares na Grécia antiga, onde muitas pessoas viviam no litoral ou trabalhavam nas águas. As criaturas marinhas simbolizavam prestatividade e generosidade e, na mitologia, eram muitas vezes descritas realizando atos altruístas a fim de resgatar humanos em perigo, apesar de alguns mitos gregos também se referirem a deuses usando golfinhos para persuadirem humanos incautos a fazerem suas vontades. Às vezes, **Delphinus** também é descrita como mensageira de **Poseidon**, o deus grego dos mares.

Os nomes das estrelas mais brilhantes das constelações, em sua maioria, têm raízes em histórias e nomes antigos, mas o nome da estrela mais brilhante de Delphinus, **Rotanev**, tem uma história de origem muito mais recente. Um astrônomo do século XIX, **Niccolò Cacciatore**, batizou a estrela em alusão a ele mesmo, ainda que de modo sorrateiro. O sobrenome de Cacciatore, em italiano, significa "caçador", cuja tradução em latim é *venator* (que soletrado de trás para frente é "Rotanev"). Rotanev, na verdade, é **um sistema estelar binário** composto de uma estrela gigante e outra subgigante.

ESTRELA MAIS BRILHANTE

—

Gamma Draconis
ou
Eltanin

DRACO o dragão

A constelação de **Draco** se enrosca em torno da **Estrela Polar** e da **Ursa Maior**. Ela é geralmente associada ao dragão da mitologia grega que **Hércules** matou durante seus míticos doze trabalhos. O nome de sua estrela mais brilhante, **Eltanin**, vem do termo árabe para "dragão" ou "serpente".

Thuban, uma das estrelas de Draco, antigamente era a **Estrela Polar** do Norte — era a estrela mais brilhante localizada quase diretamente acima do Polo Norte e de aparência estática, devido ao seu alinhamento com o eixo da Terra. Nós agora sabemos que, com o passar do tempo, o eixo da Terra oscila lentamente e que ele já se deslocou ao longo dos milênios. A atual estrela polar é **Polaris**, na **Ursa Menor**. Porém, o eixo continua a oscilar, e Thuban vai se tornar a Estrela Polar do Norte mais uma vez daqui a cerca de 20 mil anos.

ESTRELA MAIS BRILHANTE

Alpha Equulei
ou
Kitalpha

EQUULEUS *o pequeno cavalo*

A tênue constelação de **Equuleus** é a segunda menor constelação no céu. Seu nome significa "cavalinho" ou "potro". Acredita-se que **Ptolomeu** tenha inventado essa constelação quando mapeou o céu para seu *Almagesto*, adicionando-a ao seu catálogo de formas estelares a fim de preencher um vazio que ele percebeu em sua carta celeste. Pelo fato de suas raízes não serem tão antigas quanto as das outras constelações, Equuleus não é associada a nenhum mito em particular, apesar de os cavalos certamente terem um papel importante no comércio e na cultura na época de Ptolomeu.

Ofuscada em tamanho e em magnitude pela constelação vizinha, **Pegasus**, que tem um corpo grande e enormes asas emplumadas, Equulus é comumente retratada como uma pequena cabeça de cavalo, com seu corpo quase sempre ausente na ilustração das cartas celestes. O nome de sua estrela mais brilhante, **Kitalpha**, vem da expressão em árabe para "parte do cavalo".

· 47 ·

ERÍDANO o rio

> **ESTRELA MAIS BRILHANTE**
>
> Alpha Eridani ou Achernar

Erídano, ou **Rio Eridano,** é a sexta maior constelação no céu. Suas estrelas formam um longo e sinuoso caminho, muitas vezes representado como o curso de um rio. Erídano, às vezes, é considerada como um dos rios do **Hades** da mitologia grega e também é associada a vários rios da vida real, desde o **Nilo,** no Egito, ao **Pó,** em Atenas. Suas raízes como uma constelação associada à água podem remontar a um passado tão longínquo quanto a época da Babilônia.

Imagina-se que a constelação contenha um **supervazio** — uma misteriosa extensão do Universo, em sua maioria desprovida de galáxias — de proporções **extremas**. A despeito do que seu nome pode sugerir, supervazios não são completamente desocupados, mas são muito menos densos do que o resto do Universo.

O nome da estrela mais brilhante de Erídano, **Achernar,** vem da expressão em árabe para "o fim do rio".

ESTRELA MAIS BRILHANTE

Beta Geminorum
ou
Pólux

GEMINI
os gêmeos

Gemini, ou **Gêmeos**, é uma das doze constelações do zodíaco, associada ao signo astrológico de mesmo nome. A palavra *gemini*, em latim, significa "gêmeos". Os gêmeos mitológicos aos quais ela quase sempre é associada são Castor e Pólux, que também são os nomes das duas estrelas mais brilhantes da constelação. Na mitologia grega, **Castor** e **Pólux** eram filhos gêmeos de **Zeus** e irmãos de **Helena de Troia**. Eles, em geral, são representados de mãos dadas ou com os braços um ao redor do outro.

Gêmeos serve como localizador para as **Geminídeas**, uma proeminente chuva de meteoros que ocorre anualmente em dezembro, quando a Terra passa por um rastro de poeira na esteira de um asteroide chamado **3200 Faetonte**. Durante a chuva das geminídeas, às vezes é possível ver até cem meteoros em uma hora.

ESTRELA MAIS BRILHANTE

Beta Herculis
ou
Kornephoros

HERCULES o herói

Hércules é a quinta maior constelação no céu, batizada em homenagem a um dos mais conhecidos personagens da mitologia grega. Ele era um dos muitos filhos de **Zeus**, um semideus. Existem incontáveis mitos sobre suas heroicas façanhas e jornadas, incluindo os **doze trabalhos**, nos quais havia muitos personagens também representados no céu. Um deles é a **Hydra**, a monstruosa cobra que ele matou em seu segundo trabalho. Outro é **Draco**, o dragão que ele matou para poder pegar as maçãs douradas no **Jardim das Hespérides**.

O nome de sua estrela mais brilhante, **Kornephoros**, vem da expressão "portador do tacape" em grego antigo; e Hércules quase sempre é retratado com essa arma em uma das mãos.

· 50 ·

ESTRELA MAIS BRILHANTE

Alpha Hydrae
ou
Alfarde

HYDRA

a serpente marinha

Hydra é a maior constelação em nosso céu noturno. A serpente marinha tem um papel coadjuvante nas histórias de duas outras constelações. Na história de **Corvus** e **Crater**, na qual o corvo tenta enganar Apolo, a Hydra é a cobra que Corvus culpa por seu atraso na entrega da taça de água. Em os **doze trabalhos** de **Hércules**, a Hydra é o monstro venenoso de várias cabeças morto pelo herói como parte de seu segundo trabalho.

O nome de sua estrela mais brilhante, **Alfarde**, vem da expressão "a solitária" ou "a individual", uma vez que não há outras estrelas particularmente brilhantes próximas a ela no céu.

LEO o leão

Leo, ou **Leão**, é uma das doze constelações do zodíaco, associada ao signo astrológico de mesmo nome. Ela se conecta a duas histórias mitológicas. Em uma, ela é o leão **Nemeia**, que **Hércules** caçou e esfolou, logo depois usando sua pele. Na tragédia de **Píramo** e **Tisbe**, o próprio Leão era o caçador, cujas mandíbulas cheias de sangue levaram Píramo a acreditar, de forma bastante equivocada, que sua amada Tisbe havia sido morta.

A constelação contém muitas estrelas brilhantes e é um localizador para as **Leônidas**, uma das mais abundantes de nossas chuvas anuais de meteoros. O nome da estrela mais brilhante da constelação, Régulo, vem do termo em latim para "príncipe".

ESTRELA MAIS BRILHANTE

Alpha Leonis
ou
Régulo

ESTRELA MAIS BRILHANTE

Alpha Leporis
ou
Arneb

LEPUS *a lebre*

Lepus, a lebre, é uma constelação de médio porte que no céu aparece próxima a **Orion**. Ela muitas vezes é retratada como sendo caçada por Órion e seu cão, representado pela **Cão Maior**. Ela pode ter sido assim batizada primeiramente por causa da lebre no mito grego sobre o deus mensageiro **Hermes**, que dizem ter colocado Lepus no céu para celebrar a velocidade e a agilidade das lebres. Às vezes, também se diz que Lepus está fugindo de **Corvus**, o corvo, uma vez que Lepus desaparece sob o horizonte assim que Corvus nasce.

A estrela mais brilhante dessa constelação é **Arneb**, batizada em alusão ao termo em árabe para "lebre". Arneb está nos últimos estágios de sua vida e espera-se que ela chegue ao fim em uma **supernova**. Lepus também é o lar de um **aglomerado globular** — um esférico e massivo conjunto de estrelas — chamado **Messier 79**.

ESTRELA MAIS BRILHANTE

Beta Librae
ou
Zubeneschamali

LIBRA *a balança*

Libra é uma constelação tênue e de médio porte. É uma das doze constelações do zodíaco, associada ao signo astrológico de mesmo nome. Seu nome significa "balança" e ela geralmente é retratada como uma balança de pesagem simples. Libra também já foi representada alternativamente como as pinças de **Escorpião** e, às vezes, era chamada de "garras do escorpião" em tempos ancestrais. Essa constelação pode ter raízes que remontam aos tempos da antiga Babilônia.

Uma das estrelas de Libra, uma **anã vermelha** chamada **Gliese 581**, é considerada como o lar de um **exoplaneta** potencialmente habitável. O nome da estrela mais brilhante da constelação, **Zubeneschamali**, vem da expressão "a garra do Norte" em árabe, uma referência às representações de Libra como parte de Escorpião.

ESTRELA MAIS BRILHANTE

Alpha Lupi.

LUPUS o lobo

Lupus é uma constelação de médio porte na porção Sul do céu. Acredita-se que a constelação tem suas raízes mais antigas nos tempos babilônicos, quando teria sido associada a uma estranha fera carnívora. Os gregos antigos a viam como um animal sendo caçado por — ou sendo sacrificado para — a constelação vizinha de Centaurus, o centauro (às vezes, Centaurus é representado carregando Lupus empalada em um mastro). Lupus não era associada especificamente aos lobos até fazerem uma tradução do **Almagesto** na época da Renascença. Ainda assim, hoje a constelação é representada quase todas as vezes como um lobo.

Sua estrela mais brilhante, **Alpha Lupi**, é uma das estrelas mais próximas de nosso Sistema Solar prevista para se tornar uma **supernova** — ela está nos estágios finais de sua vida, que terminará em uma explosão.

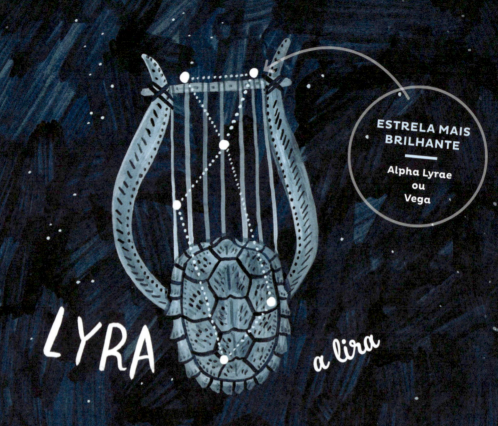

LYRA
a lira

ESTRELA MAIS BRILHANTE

Alpha Lyrae ou Vega

Uma lira é um instrumento de cordas que era popular na Grécia antiga. **Lyra** muitas vezes é retratada como a primeira lira, construída pelo deus **Hermes** a partir do casco de uma velha tartaruga. O nome de sua estrela mais brilhante, **Vega**, é derivado do termo árabe para "queda", da frase "a águia em queda", porque, em algumas representações antigas, as estrelas que formam Lyra representam um pássaro.

Além da estrela brilhante Vega (a quinta estrela mais brilhante no céu), Lyra também contém um sistema de "**estrelas múltiplas**" chamado **Epsilon Lyrae**. Vista a olho nu, Epsilon Lyrae parece ser uma única estrela. Mas, com binóculo, fica claro que existem dois componentes em Epsilon Lyrae, que orbitam um ao outro. Com ainda mais ampliação, emerge outro nível de complexidade: cada um dos componentes de Epsilon Lyrae pode ser também dividido em pares de **estrelas binárias** que orbitam uma à volta da outra. Então, no total, Epsilon Lyrae é composta de dois conjuntos de estrelas binárias, com cada par de estrelas orbitando uma a outra e cada conjunto de estrelas orbitando ao redor do outro.

ESTRELA MAIS BRILHANTE

Alpha Ophiuchi ou Rasalhague

OPHIUCHUS

o portador da serpente

O nome **Ophiuchus**, ou **Ofiúco**, vem da expressão "portador da serpente" em grego antigo. Ele geralmente é retratado segurando **Serpens**, a serpente, sobre seus ombros ou enrolada ao redor do corpo. Em algumas representações, Ofiúco aparece lutando com a serpente e, por vezes, diz-se que ele está aprendendo com ela os segredos da cura.

Uma pequena parte de Ofiúco se sobrepõe à **eclíptica**, então alguns astrônomos a consideram a décima terceira constelação do zodíaco. Ela é cercada de ambos os lados pelas duas metades separadas de Serpens, que representam a serpente que Ofiúco segura.

O nome de sua estrela mais brilhante, **Rasalhague**, vem da expressão "a cabeça do portador da serpente", em árabe.

ORION
o caçador

ESTRELA MAIS BRILHANTE

Beta Orionis ou Rigel

Por causa de seu tamanho e brilho relativo, **Orion** é uma das constelações mais fáceis de se identificar no céu. Ela foi batizada em alusão a um caçador da mitologia grega que era filho de **Poseidon**, o deus dos mares. As constelações vizinhas a Orion, **Cão Maior** e **Cão Menor**, geralmente são representadas como seus companheiros de caça. O trio quase sempre é retratado perseguindo **Lepus**, a lebre.

Logo abaixo do **Cinturão de Orion**, as três estrelas que definem a cintura do corpo de Orion em forma de ampulheta, está a **Nebulosa de Orion**. Uma das mais brilhantes nebulosas em nosso céu, ela é visível sem a necessidade de um telescópio, mesmo em alguns dos cenários com maior poluição luminosa. Também conhecida como **Messier 42**, a Nebulosa de Orion é um dos objetos celestes mais estudados e ensinou muitas coisas a astrônomos e astrofísicos a respeito do modo como nosso Universo funciona.

O nome da estrela mais clara de Orion, **Rigel**, vem dos termos "pé" ou "perna" em árabe, em referência a sua posição na constelação.

ESTRELA MAIS BRILHANTE

Epsilon Pegasi ou Enif

PEGASUS
o cavalo alado

Pégaso, um cavalo com enormes asas emplumadas, era uma fera mítica da mitologia grega. Sua mãe era **Medusa**, a górgona com cabelos de cobras, e seu pai era **Poseidon**, o deus dos mares. Em algumas histórias, ele carregou o herói **Perseu** em suas costas. Em outras, ele ajuda **Zeus** a transportar relâmpagos. Essa é a sétima maior constelação no céu e muitas vezes é representada apenas como a cabeça e as patas dianteiras de um cavalo. Antes da padronização dos limites das constelações no século XX, alguns criadores de cartas celestes incorporaram estrelas de constelações vizinhas menores a fim de ajustar os contornos imaginados das patas traseiras de Pégaso.

O nome de sua estrela mais brilhante, **Enif**, se refere ao termo em árabe para "nariz", porque, na maioria das representações, Enif está posicionada no nariz de Pegasus. Enif está nos últimos estágios de sua vida como estrela e espera-se que sua morte ocorra dentro dos próximos milhões de anos.

ESTRELA MAIS BRILHANTE

Alpha Persei
ou
Mirfak

PERSEUS o herói

Batizada em homenagem ao mesmo **Perseu** que salvou **Andrômeda** do monstro marinho **Cetus**, essa constelação serve para localizar a chuva de meteoros das **Perseidas**, uma das mais ativas em nosso céu. As Perseidas aparecem todo ano, quando a órbita da Terra faz com que ela atravesse um rastro de detritos espaciais deixados pelo cometa **Swift-Tuttle**. Observadores de estrelas já testemunharam centenas de meteoros em questão de horas durante esse evento anual.

Além de seu resgate de Andrômeda, Perseu também é famoso por ter decapitado a górgona **Medusa** e, também, por ser ancestral do herói **Hércules**.

A estrela mais brilhante dessa constelação, **Mirfak**, foi batizada em alusão ao termo em árabe para "cotovelo".

ESTRELA MAIS BRILHANTE

Eta Piscium ou Alpherg

PISCES *os peixes*

Batizada com a palavra em latim para "peixes", **Pisces**, ou **Peixes**, é uma das doze constelações do zodíaco, associada ao signo astrológico de mesmo nome. Ela é ilustrada como um par de peixes, geralmente unidos por um pedaço de corda. Essa representação é baseada em um mito grego sobre **Afrodite**, a deusa do amor, e seu filho **Eros**, o deus do amor, no qual eles se transformaram em peixes para escapar de um monstro.

Eta Piscium, a estrela mais brilhante da constelação, foi associada à água mesmo nos tempos da Babilônia, quando se referiam a ela como Kullat Nunu, o balde de peixes.

ESTRELA MAIS BRILHANTE

Alpha Piscis Austrini
ou
Fomalhaut

PISCIS AUSTRINUS
o peixe austral

Piscis Austrinus é uma constelação relativamente pequena, se comparada à constelação dos peixes maiores, **Peixes**. Em algumas histórias, dizem que ela representa um dos pais da dupla de peixes representados em Peixes. Seu nome significa "o peixe do Sul" em latim e às vezes também se referem a ela como Piscis Australis. Apesar de ela ser uma constelação relativamente pequena, ilustrações antigas muitas vezes a representam como um peixe robusto, com aparência de fera. Em geral, ela é retratada com a água do jarro de **Aquário** sendo derramada em sua cabeça ou em sua boca. A constelação tem suas raízes em remotas tradições estelares dos babilônios, os primeiros a descrevê-la como um peixe.

O nome de sua estrela mais brilhante, **Fomalhaut**, vem da expressão em árabe para "boca do peixe" ou "boca da baleia".

ESTRELA MAIS BRILHANTE

Gamma Sagittae

SAGITTA
a flecha

Sagitta, a flecha, é uma das menores constelações no céu — as únicas constelações menores que ela são **Equuleus** e **Crux**. Apesar de ter um brilho relativamente fraco, Sagitta é uma constelação desde tempos ancestrais. A prática do arco e flecha era significativa em várias das culturas antigas e usada como modo de defesa, como arma de caça e como esporte recreativo e competitivo. Deuses de muitas tradições, incluindo a mitologia grega, são descritos como arqueiros.

Apesar de a constelação do arqueiro, **Sagitário**, segurar um arco e uma flecha em várias representações, a flecha Sagitta em geral não é vista como tendo sido disparada por Sagitário — ela não tem um arqueiro e, nas cartas celestes, aparece como um ícone totalmente independente.

A estrela mais brilhante de Saggita é a **gigante vermelha Gamma Sagittae**. Outra estrela de Sagitta, **Alpha Sagittae**, também é chamada de Sham, do termo em árabe que significa "flecha".

SAGITTARIUS *o arqueiro*

ESTRELA MAIS BRILHANTE

Epsilon Sagittarii
ou
Kaus Australis

Sagittarius, ou **Sagitário**, é uma das doze constelações do zodíaco, associada ao signo astrológico de mesmo nome. É retratada como um **centauro** usando um arco e flecha. Ela também contém um asterismo, a **Chaleira**. Uma vez que a constelação de Sagitário se sobrepõe à **Via Láctea**, a Chaleira algumas vezes é representada como se estivesse derramando a Via Láctea pelo seu bico.

Sagitário contém muitas estrelas com **exoplanetas** conhecidos. O nome de sua estrela mais brilhante, **Kaus Australis**, vem do termo em árabe para "arco" e do termo em latim para "sul" e, na maioria de suas representações, ela está localizada na corda esticada do arco.

ESTRELA MAIS BRILHANTE

Alpha Scorpii ou Antares

SCORPIUS
o escorpião

Scorpius, ou **Escorpião**, é uma das doze constelações do zodíaco, associada ao signo astrológico de mesmo nome. Ela está localizada próxima à constelação de **Libra**, que às vezes é apresentada como as garras ou pinças de Escorpião. Ela tem suas raízes mais remotas na observação das estrelas na Babilônia, mas, na mitologia grega, representa o escorpião que enfrentou e matou **Órion**, o caçador.

Escorpião se encontra ao longo da **Via Láctea** e, dessa forma, contém muitos aglomerados estelares interessantes, como **Messier 7**, também conhecido como **Aglomerado de Ptolomeu**, um aglomerado estelar aberto batizado em homenagem ao próprio Cláudio Ptolomeu.

O nome de sua estrela mais cintilante, **Antares**, vem de uma antiga expressão em grego que significa "semelhante a Marte". Isso se deve ao fato de Antares ser uma **supergigante vermelha** que, nã verdade, tem uma aparência levemente avermelhada mesmo a olho nu, o que lembra **Marte**, o planeta vermelho, que tem sua cor de ferrugem devido ao ferro oxidado em sua superfície.

SERPENS *a serpente*

ESTRELA MAIS BRILHANTE

Alpha Serpentis
ou
Unukalhai

Serpens, a **Serpente**, é a única constelação a ser dividida em duas partes. **Serpens Caput**, a cabeça da serpente, se encontra a leste de **Ofiúco**, o portador da serpente. Enquanto **Serpens Cauda**, a cauda da serpente, está a oeste. Ofiúco muitas vezes é representada com Serpens enroscada ao redor de seu corpo ou em seus braços. A Serpens contém a **Nebulosa do Quadrado Vermelho**, uma **nebulosa bipolar** com quatro cantos angulosos e lados retos, que afirmam ser um dos elementos mais simétricos já observados no espaço profundo.

O nome da estrela mais brilhante da constelação, **Unukalhai**, vem da expressão "pescoço da serpente" em árabe.

TAURUS o touro

ESTRELA MAIS BRILHANTE

Alpha Tauri
ou
Aldebaran

Taurus, ou **Touro**, é uma das doze constelações do zodíaco, associada ao signo astrológico de mesmo nome. As cartas celestes tradicionalmente mostram Touro de frente, com apenas suas patas dianteiras, seu peito e sua cabeça visíveis. Touro é o lar de dois proeminentes **aglomerados estelares**: as **Plêiades** e **Híades**.

As Plêiades, também chamadas de **Sete Irmãs**, formam o aglomerado estelar mais visível a olho nu. Essas sete estrelas um dia já foram consideradas uma constelação. As Híades eram as cinco filhas de **Atlas** — o Titã do antigo mito grego que carregava o mundo em suas costas — e meias-irmãs das Plêiades, também filhas de Atlas.

Os aglomerados estelares, às vezes, eram usados como testes oculares em tempos antigos — se a pessoa conseguisse ver todas as sete estrelas das Plêiades (que não são todas facilmente visíveis para alguém com visão mediana), era considerada alguém com excelente visão.

O nome da estrela mais brilhante de Touro, **Aldebaran**, resulta do termo em árabe para "seguir", porque Aldebaran nasce e se põe logo após as Plêiades, seguindo-as pelo céu.

ESTRELA MAIS BRILHANTE

Beta Trianguli

TRIANGULUM
o triângulo

Triangulum, assim nomeada pelo triângulo formado por suas três estrelas mais brilhantes, é uma das menores constelações. Os gregos antigos às vezes a chamavam de **Deltoton**, em alusão à letra grega *delta*, que tem a forma de um triângulo. É uma das duas constelações triangulares no céu, sendo a outra a constelação moderna de **Triangulum Australe**, que foi adicionada pela primeira vez às cartas celestes no final do século XVI. **Johannes Hevelius**, astrônomo do século XVII que deu a várias das constelações modernas os nomes que ainda usamos hoje, tentou adicionar sua própria constelação triangular à carta celeste, "Triangulum Minus", mas ela foi removida posteriormente pelos cartógrafos.

Triangulum contém o primeiro **quasar** já descoberto. [Os quasares são grandes buracos negros que emitem quantidade considerável de luz.] Também é lar da Galáxia do Triângulo, uma de nossas vizinhas galácticas no Grupo Local. Sua estrela mais brilhante é **Beta Trianguli** e uma outra de suas estrelas, **Alpha Trianguli**, era tradicionalmente chamada de **Mothallah**, por causa de uma expressão em árabe que significava "triângulo".

ESTRELA MAIS BRILHANTE

Epsilon Ursae Majoris
ou
Alioth

URSA MAJOR
a grande ursa

Ursa Major, que em latim significa "grande ursa", ou **Ursa Maior**, é a terceira maior constelação no céu e também uma das mais brilhantes. Ela costuma ser reconhecida por seu proeminente **asterismo**, o **Grande Carro**, e é visível durante quase todo o ano no Hemisfério Norte. A grande ursa tem uma longa cauda marcada por algumas das estrelas mais brilhantes da constelação — o que é relativamente estranho, já que nenhuma ursa na Terra tem uma cauda tão longa. Apesar dessa anomalia, a Ursa Maior tem sido identificada como uma ursa por muitas culturas e civilizações há milhares de anos.

Alguns historiadores acreditam que as histórias contadas sobre a constelação podem ter raízes que remontam ao período Paleolítico.

Duas das estrelas brilhantes da Ursa Maior, **Dubhe** e **Merak**, que formam a extremidade frontal da caçamba do Grande Carro, podem ser usadas para localizar **Polaris**, a **Estrela Polar do Norte**.

ESTRELA MAIS BRILHANTE

Alpha Ursae Minoris
ou
Polaris

URSA MINOR *a ursa menor*

A **Ursa Minor**, ou **Ursa Menor**, é a "ursinha" ou a "Pequena Concha". Parece uma versão em miniatura do **Grande Carro**, asterismo encontrado próximo à **Ursa Maior**. É lar de **Polaris**, a atual Estrela Polar do Norte. O nome Polaris vem da expressão "próximo ao polo", em latim, e por conta de sua utilidade para a navegação, como um ponto fixo no norte no céu, Polaris tem diversas denominações em muitas culturas ao redor do mundo, quase sempre se referindo à sua posição

aparentemente estável — "o eixo", "**Estrela do Norte**" e "estrela-guia" são alguns deles. Por causa da precessão, as estrelas polares mudam com o tempo. Polaris nem sempre foi a Estrela Polar. E ainda que hoje ela seja nossa estrela-guia, em alguns séculos, a precessão terá alterado significativamente nossa visão do céu noturno. Está previsto que, por volta do ano 3000, a Estrela Polar do Norte será **Gamma Cephei**, na constelação de **Cefeu**.

VIRGO
a virgem

ESTRELA MAIS BRILHANTE

Alpha Virginis
ou
Spica

Virgo, ou **Virgem**, é uma das doze constelações do zodíaco, associada ao signo astrológico de mesmo nome. É a segunda maior constelação no céu, ultrapassada em tamanho apenas por **Hydra**, e seu nome vem do termo em latim para "virgem". Ela é tipicamente representada como a deusa grega da agricultura e da fertilidade, **Deméter**.

Virgem contém o **Aglomerado de Virgem**, um aglomerado de galáxias unidas pela gravidade. Ela também dá nome ao **Superaglomerado de Virgem**, um superaglomerado de galáxias ao qual pertence nossa própria **Via Láctea**.

Nas cartas celestes, Virgem com frequência é representada com um ramo de trigo ou de grama em seus braços e o nome da estrela mais brilhante da constelação, **Spica**, é o termo em latim para "espiga" (como em "espiga de milho"). Spica na verdade é um **sistema estelar binário**, mas as duas estrelas que o compõem orbitam tão próximas uma da outra que é difícil distingui-las como estrelas separadas, mesmo com o uso de um telescópio.

as CONSTELAÇÕES MODERNAS

O sistema de constelações de Ptolomeu funcionou por um longo tempo. Ele abrangia a maioria das estrelas brilhantes no céu e foi amplamente reconhecido no mundo ocidental durante muitos séculos. Mas quando exploradores do Ocidente começaram a viajar para o Hemisfério Sul pela primeira vez, mapeando os céus com a ajuda de telescópios, ficou claro que o sistema de Ptolomeu não era abrangente o bastante para a astronomia moderna — ele havia deixado muitas lacunas no céu.

Exploradores e astrônomos fizeram novas cartas celestes, adicionando novas constelações onde consideravam adequado. Com o tempo, a criação de constelações saiu do controle. Muitas cartas celestes diferentes continham informações conflitantes e tornavam o uso confuso. A astronomia precisava de um mapa celeste oficial para reger as observações dos astrônomos e ajudar os observadores de estrelas ao redor do mundo, profissionais ou amadores, a se comunicarem de forma efetiva sobre suas observações do céu.

Para alcançar essa finalidade, em 1930, um grupo chamado União Astronômica Internacional (IAU, na sigla em inglês) criou uma carta celeste oficial. Eles usaram todas as 48 constelações de Ptolomeu. Dividiram uma delas, **Argo Navis**, em três constelações menores — **Vela**, **Puppis** e **Carina** — a fim de garantir que uma única constelação não ocupasse uma área tão grande no céu. Então, para abranger todas as áreas do céu que não estavam cobertas pelas constelações de Ptolomeu, a IAU adicionou outras 38 constelações selecionadas entre os mapas dos astrônomos e navegadores **Petrus Plancius**, **Johannes Hevelius**, **Abbé Nicolas-Louis de Lacaille**, **Pieter Dirkszoon Keyser** e **Frederick de Houtman**. A IAU também estabeleceu os limites ao redor de cada constelação e, então, o mapa baseado neles se tornou o sistema oficial de constelações usado até hoje.

As 38 novas constelações adicionadas foram batizadas com nomes advindos dos interesses de proeminentes exploradores, em um escopo que abarca desde instrumentos científicos até animais e características geográficas — e até mesmo uma figura histórica.

INSTRUMENTOS, ARTE & TECNOLOGIA

Abbé Nicolas-Louis de Lacaille, astrônomo francês do século XVIII, gostava de batizar constelações em alusão a ferramentas, artes e tecnologias — sobretudo aquelas que, durante o Iluminismo, eram novas e empolgantes. Treze dessas constelações ainda estão em uso no sistema moderno:

ANTLIA
a máquina pneumática
Uma bomba ou fole pneumática.

CAELUM
o cinzel
Igual ao que um escultor teria em sua caixa de ferramentas.

CIRCINUS
o compasso de projetista

A ferramenta de desenho usada para criar círculos e arcos.

FORNAX
a fornalha

Mais especificamente, um tipo de fornalha usada por químicos em experimentos científicos.

HOROLOGIUM
o relógio

O relógio de pêndulo.

MICROSCOPIUM
o microscópio

Instrumento científico usado com a intenção de ampliar e examinar coisas pequenas demais para serem vistas a olho nu.

NORMA
o esquadro

Instrumento de medição de ângulo usado no desenho industrial, na arquitetura e na carpintaria.

OCTANS
o oitante

Instrumento de navegação usado para medir os ângulos entre os objetos.

PICTOR
o pintor

A constelação é geralmente representada como um cavalete

PYXIS
a bússola do marinheiro

Instrumento crucial para qualquer um que esteja navegando nos mares a fim de mapear o céu.

RETICULUM
a rede

A grade de finas linhas no óculo de um telescópio, às vezes chamada de rede.

SCULPTOR
o escultor

Muitas vezes representada como a mesa ou ateliê de trabalho de um escultor.

TELESCOPIUM
o telescópio

Instrumento científico usado para ampliar e examinar objetos muito distantes.

SEXTANS
o sextante

Johannes Hevelius também batizou essa constelação fazendo referência a um instrumento tecnológico. Sextans, o sextante, recebeu esse nome em alusão a uma ferramenta de navegação — relacionada ao octante — que o próprio Hevelius teria usado para medir as distâncias entre objetos no céu.

ANIMAIS & CRIATURAS MITOLÓGICAS

Dezoito das constelações modernas receberam nomes de animais e criaturas mitológicas. Conforme os exploradores viajavam o mundo e mapeavam novas partes do céu, encontraram uma abundante vida selvagem desconhecida para eles, o que os inspirou a nomear essas constelações.

APUS
a ave-do-paraíso

Batizada em alusão aos pássaros extravagantemente emplumados da Oceania.

CAMELOPARDALIS
a girafa

Muitas vezes identificada equivocadamente como um camelo. O nome *camelopardalis*, na verdade, vem do nome científico de uma espécie de girafa.

CANES VENATICI
os cães de caça

Na maioria das vezes é representada por cães sendo segurados em uma coleira pela constelação vizinha de Boötes.

CHAMAELEON
o camaleão

Frequentemente representada esticando sua língua para capturar a constelação próxima de Musca, a mosca.

COLUMBA
a pomba

Batizada em alusão à pomba bíblica que trouxe a notícia do fim do grande dilúvio.

DORADO
o peixe

Representada como um golfinho, um peixe-espada ou um peixe-dourado.

GRUS
a garça

Ocasionalmente representada como um flamingo ou uma garça-real.

HYDRUS MACHO
a cobra d'água

Não confundir com a constelação de Ptolomeu da Hydra, a serpente marinha.

LACERTA
o lagarto

Às vezes, é chamada de "pequena Cassiopeia" porque suas estrelas mais brilhantes formam um W, parecido com aquele que existe em Cassiopeia.

LEO MINOR
o leão menor

Batizada em alusão a sua vizinha maior, a constelação de Leão.

LYNX
o lince

Hevelius preferia fazer suas observações astronômicas a olho nu, em vez de usar um telescópio. Imagina-se que ele batizou essa constelação em homenagem aos seus próprios olhos um tanto perspicazes: a constelação de Lince tem um brilho extremamente tênue e os linces possuem uma visão bastante aguçada.

MONOCEROS
o unicórnio

Assim nomeada em alusão ao unicórnio mitológico, um cavalo com um único chifre no meio da sua fronte.

MUSCA
a mosca do sul

Geralmente é representada sendo comida por sua constelação vizinha, Chamaeleon, o camaleão.

PAVO
o pavão

Batizada em referência à bela ave do Sudeste Asiático.

PHOENIX
a fênix

Nomeada em alusão à ave mitológica que viveu durante séculos e podia renascer das próprias cinzas após a morte.

TUCANA
o tucano

Batizada em alusão à ave tropical colorida e de grande bico.

VOLANS
o peixe-voador

Recebeu esse nome em alusão à espécie de peixe da vida real que possui nadadeiras parecidas com asas e a habilidade de saltar para fora d'água e planar no ar.

VULPECULA
a pequena raposa

Às vezes, é representada carregando um ganso morto em sua boca.

OUTRAS CONSTELAÇÕES MODERNAS

As constelações remanescentes receberam nomes de pessoas, lugares e formas abstratas, entre outros.

COMA BERENICES
o cabelo de Berenice

O amontoado de estrelas que forma Coma Berenices foi observado em tempos ancestrais, e Ptolomeu até fez referência a ele como o tufo de pelos na ponta da cauda de Leão. É a única constelação a ter o nome de uma pessoa real: Berenice II, uma rainha egípcia que cortou seu longo cabelo e o deixou em um templo como oferenda aos deuses. Alguns dias depois, quando o cabelo desapareceu, as pessoas disseram que ele havia sido transformado em várias estrelas e colocado no céu para celebrar o ato de devoção da rainha.

CRUX
o cruzeiro do sul

As quatro estrelas principais do Cruzeiro do Sul têm um brilho muito intenso; assim, essa constelação é facilmente localizada a partir da observação no Hemisfério Sul. Os gregos antigos já haviam visto e documentado o Cruzeiro do Sul, mas em geral o consideravam apenas como uma parte da constelação de Centaurus.

INDUS o índio

Uma constelação com um nome politicamente incorreto, escolhido centenas de anos atrás. Se alguma constelação deveria ser renomeada, é esta.

MENSA
a mesa

Mensa foi batizada em alusão à montanha da Mesa, cujo topo é uma planície, próxima ao observatório de Lacaille, no cabo da Boa Esperança, África do Sul.

SCUTUM
o escudo

Batizada por Hevelius e originalmente atribuída à arma usada em uma batalha específica, mas hoje é retratada como um escudo genérico.

TRIANGULUM AUSTRALE
o triângulo austral

Não confundir com a Triangulum, outra pequena constelação ao norte. Esta constelação está em 83º lugar com relação ao tamanho entre as 88 constelações.

A
VIA LÁCTEA

Em algumas culturas, "constelações escuras" eram enxergadas nas partes em penumbra da Via Láctea — figuras definidas pelas nuvens escuras naquela parte do céu, atribuídas a mitos e lendas, assim como as constelações estreladas. Aborígenes australianos reconheciam uma constelação escura chamada Emu, cuja cabeça é definida por uma nebulosa escura ao longo da Via Láctea.

a VIA LÁCTEA

Uma extensa faixa luminosa de brilho tênue que cruza nosso céu, a **Via Láctea** é a galáxia à qual nosso Sistema Solar pertence. Ela recebeu muitos nomes ao longo das eras e representou um papel em muitos mitos. Alguns deles ainda são contados, alguns são lembrados apenas como crenças antigas e outros passaram a ser história já esquecida.

O nome *Via Láctea* vem do latim. Os gregos antigos a chamavam de *galaxias*, também em latim, e que significa "leitoso" — é daí que se originou o termo *galáxia*.

A maioria das galáxias recai em uma das três categorias de forma: espiral, elíptica ou irregular. A Via Láctea é uma galáxia de forma espiralada, com diâmetro aproximado de 100 mil anos-luz. Ela contém 100 bilhões de estrelas ou mais, de acordo com as recentes estimativas. Nosso Sol está localizado próximo à borda da galáxia, distante de seu centro. Pelo fato de a observarmos de nossa posição, de dentro da espiral, o resto da galáxia se parece apenas com uma faixa de luz e estrelas em nosso céu noturno.

A Via Láctea é mais visível quando a poluição luminosa é mínima. Uma vez que a poluição luminosa é, em grande parte, um fenômeno moderno (a lua cheia cria um pouco de poluição luminosa, mas o principal culpado é o excesso de luz artificial), culturas ancestrais tinham uma visão muito melhor da Via Láctea. Praticamente toda cultura tinha um nome e uma história associados a ela — aqui estão alguns deles.

A GRANDE CERCA DAS ESTRELAS

O CAMINHO PELO QUAL O CÃO FUGIU

O RIO PRATEADO

O CAMINHO DO LADRÃO DE PALHA

O CAMINHO DO

ESTRADA PARA O PALÁCIO NO PARAÍSO

CAMINHO DOS PÁSSAROS

COSTURA DIVINA

O CAMINHO DO ELEFANTE BRANCO

O RIO CELESTIAL

O RIO DO PARAÍSO

GANSO CINZENTO

CAMINHO INVERNAL

O RIO DE LUZ

PEGADAS DE DEUS

PULO DO CERVO

ROTA DA PALHA ESPALHADA

O CAMINHO DA SOMBRA

as FASES da LUA

Seja em que hora for, uma metade da esfera giratória que é a Terra está iluminada pelo Sol, enquanto a outra está na escuridão. É isso que nos dá os dias e as noites. Metade da esfera da Lua também está sempre iluminada pelo Sol. Conforme a Lua orbita a Terra ao longo do mês, a porção do lado iluminado que podemos observar aqui da Terra muda. Nós chamamos as variadas vistas dessa porção iluminada de **fases** da lua.

Quando a Lua parece crescer, dizemos que ela está em fase **crescente**. Quando ela parece encolher, dizemos que está em fase **minguante**. Uma visão, observada aqui da Terra, da Lua completamente iluminada, é chamada de **lua cheia**; e quando na Terra vemos a Lua completamente escura, chamamos de **lua nova**.

Outros elementos orbitando nosso Sol passam pelas mesmas fases que a Lua. Por exemplo, de um ponto de observação da Lua, a Terra passa por essas várias fases ao contrário. E com o auxílio de um telescópio, é possível enxergar Vênus e Mercúrio, cujas órbitas se encontram entre a Terra e o Sol, também passarem pelas mesmas fases.

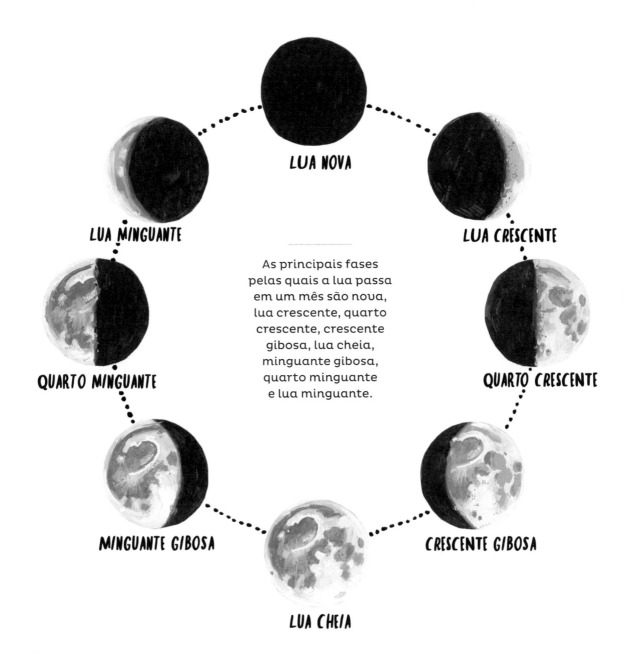

LUA NOVA

LUA MINGUANTE

LUA CRESCENTE

QUARTO MINGUANTE

QUARTO CRESCENTE

MINGUANTE GIBOSA

CRESCENTE GIBOSA

LUA CHEIA

As principais fases pelas quais a lua passa em um mês são nova, lua crescente, quarto crescente, crescente gibosa, lua cheia, minguante gibosa, quarto minguante e lua minguante.

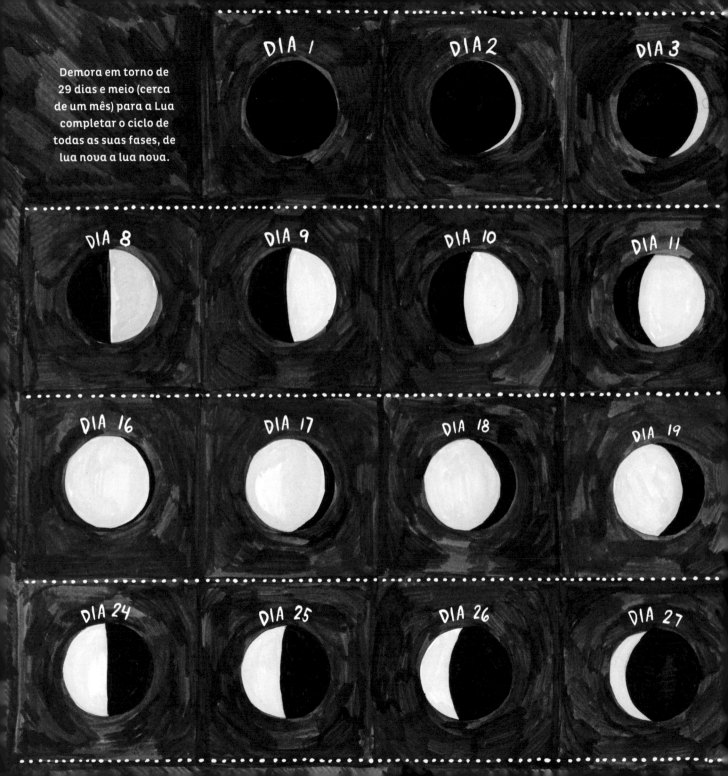

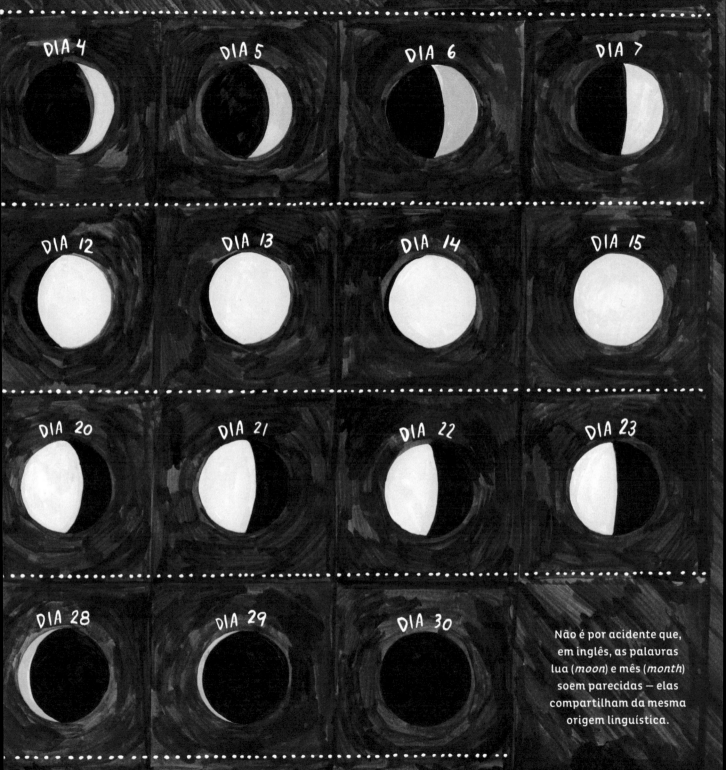

TAMANHOS do DISCO

A expressão **tamanho do disco** se refere ao tamanho aparente de um objeto astronômico visto da Terra. O diâmetro da Lua é de cerca de 3.474 km e o diâmetro do Sol 1.391.400 km — quase quatrocentas vezes maior que o da Lua.

Como o Sol também está cerca de quatrocentas vezes mais distante da Terra do que a Lua, os tamanhos dos discos do Sol e da Lua são quase idênticos em nosso céu. E ao longo da história, eles também receberam importância equivalente em muitos modelos de compreensão do céu noturno. Quando a maioria das pessoas ainda acreditava que a Terra era o centro de nosso Universo, não havia razão para acreditar que o Sol e a Lua estavam a distâncias diferentes da Terra. Se ambos estavam à mesma distância de nós e pareciam ter o mesmo tamanho no céu, presumia-se que de perto eles também deveriam ter o mesmo tamanho.

É claro que, na realidade, o Sol é gigantesco em comparação à Lua. E seu impacto sobre a Terra é tão grande quanto: ele é a principal fonte de energia de nosso planeta e, sem ele, a vida nunca poderia ter evoluído. Mas a outra orbe em nosso céu — nossa Lua — ainda exerce importante influência sobre a vida na Terra.

ROTAÇÃO SINCRONIZADA

Você deve saber que a Lua provoca nossas marés — a ascensão e queda dos níveis da superfície em grandes corpos de água. Isso acontece porque a Lua e a Terra estão em **rotação sincronizada**.

Isso significa que o período **orbital da Lua** — o tempo necessário para ela fazer uma órbita completa ao redor da Terra — e seu **período rotacional** — o tempo necessário para ela fazer uma rotação completa em torno de seu próprio eixo — são os mesmos: em torno de 27 dias. A Lua nem sempre esteve em rotação sincronizada com a Terra — o efeito aconteceu lentamente ao longo do tempo. A maioria das outras luas avantajadas em nosso Sistema Solar experimenta um efeito semelhante em relação aos corpos que elas orbitam. Algumas até experimentam uma **rotação sincronizada mútua**. Plutão, por exemplo, tem sua rotação mutuamente sincronizada a de sua lua Charon — enquanto a mesma lua orbita o planeta anão, as mesmas faces de ambos os corpos estão o tempo todo de frente uma para a outra.

As marés — a ascensão e queda periódica dos níveis do mar na Terra — acontecem por causa do efeito da gravidade da Lua na Terra conforme se dá sua rotação ao nosso redor. A força gravitacional da Lua sobre a Terra cria a força de maré que faz com que a superfície do planeta se eleve sutilmente. Essa protuberância causada pela **força de maré** fica evidente no lado da Terra que está virado exatamente em direção à Lua e naquele que está exatamente distante da Lua, a qualquer período.

OUTROS FENÔMENOS

o LADO OCULTO da LUA

Pelo fato de a Lua estar em rotação sincronizada com a Terra, nunca vemos seu lado oculto, ao qual às vezes se referem como "o lado escuro da lua".

Porém, essa é uma designação um pouco imprópria, pois o lado oculto recebe tanta luz solar ao longo de um mês quanto o lado visível. Ele só é escuro do nosso ponto de vista; nós não éramos capazes de vê-lo até que a sonda espacial soviética *Luna 3* tirou a primeira fotografia dele, em 1959.

LUZ CINÉREA

Nos dias próximos à lua nova, as posições relativas da Terra, da Lua e do Sol às vezes propiciam um fenômeno especial chamado luz cinérea. A Lua está em fase crescente exatamente antes e após a lua nova, mas a parte da superfície da Lua que normalmente estaria escura é, então, iluminada de leve pelo brilho da luz solar reflentindo na Terra sobre a Lua.

LUNARES

SOMBRAS ESCURAS

Na Lua, as sombras são extremamente escuras — muito mais escuras que as sombras na Terra.

A atmosfera terrestre faz com que a luz seja difratada e se espalhe pelas sombras; então, mesmo que as sombras sejam mais escuras do que aquilo que está ao redor delas, elas nunca são perfeitamente escuras.

Uma vez que a Lua não tem atmosfera, não existe ar para refratar a luz nas sombras, fazendo com que elas apareçam quase que completamente pretas. Essa foi uma das primeiras coisas que o astronauta norte-americano Neil Armstrong notou quando pisou na Lua pela primeira vez, em 1969.

a ILUSÃO LUNAR

Quando a Lua nasce, muitas vezes ela parece maior do que quando já está bem alta no céu. Esse é o resultado da "ilusão de ótica lunar". O tamanho do disco lunar, na verdade, nunca muda quando ela nasce e se põe — é quase sempre mais ou menos do tamanho de uma ervilha segurada com o braço esticado. O truque ótico acontece quando comparamos a conjuntura da Lua contra o horizonte com seu contexto quando ela está alta no céu.

MARIA LUNARIUM
os mares da lua

As grandes e sombreadas áreas escuras que constituem as planícies lunares são as *maria lunarium*. Essa expressão em latim significa "mares da lua", nome dado pelos antigos astrônomos que confundiram as planícies com corpos de água. Eles afirmaram que a maioria deles eram mares, outro era um oceano e o resto eram lagos, baías e pântanos.

Hoje, é claro, nós sabemos que as áreas escuras da Lua não são massas de água de forma alguma. Elas são planícies basálticas, provavelmente formadas por lava que um dia inundou áreas mais baixas e mais antigas da superfície lunar. Os planaltos de cor mais clara da Lua são crivados por crateras como resultado de bilhões de anos de bombardeamento por asteroides e cometas. Mas os nomes dados às características geológicas da Lua presumidamente aquosas ainda estão em uso na época atual.

Muitos dos *maria* são batizados em alusão a estados psíquicos. Parece que, com frequência, tememos os objetos celestiais, tanto quanto os admiramos. De certo modo, faz perfeito sentido que alguns dos nomes para os *maria lunarium* fossem dados em referência a certos aspectos de experiências emocionais humanas. Temos o lago da Felicidade, mas também temos o lago do Pesar. Temos o mar da Serenidade, mas também temos o pântano da Decadência.

PLANALTO

PLANÍCIE

MARIA (MARES) LUNARIUM

Mar da Serpente · Mar do Sul · Mar que se tornou conhecido · Mar das Crises · Mar da Fertilidade · Mar do Frio · Mar de Alexander von Humboldt · Mar da Umidade · Mar das Chuvas · Mar da Sabedoria · Mar de Ilhas · Mar do Abismo · Mar de Moscóvia · Mar do Néctar · Mar das Nuvens · Mar Oriental · Mar da Serenidade · Mar de Smyth · Mar da Espuma · Mar da Tranquilidade · Mar das Ondas · Mar dos Vapores · Oceano das Tempestades

PALUDES (PÂNTANOS) LUNARES

Pântano das Epidemias · Pântano da Decadência · Pântano do Sono

LUNAR SINUS (BAÍAS)

Baía Fervilhante · Baía da Harmonia · Baía do Amor · Baía da Aspereza · Baía de Lunik · Baía da Confiança · Baía da Honra · Baía dos Arcos-íris · Baía do Centro · Baía do Orvalho · Baía do Sucesso

LACUS (LAGOS) LUNARES

Lago do Pesar · Lago da Bondade · Lago do Inverno · Lago do Outono · Lago da Alegria · Lago do Ódio · Lago da Esperança · Lago do Verão · Lago da Felicidade · Lago do Esquecimento · Lago dos Sonhos · Lago da Primavera · Lago da Excelência · Lago da Morte · Lago da Solidão · Lago do Medo · Lago do Tempo · Lago da Luxúria · Lago da Perseverança

MAR DE ALEXANDER VON HUMBOLDT

MAR DO FRIO

LAGOS DOS SONHOS

MAR DA SERENIDADE

MAR DAS CHUVAS

MAR DOS VAPORES

MAR DA SERPENTE

MAR DAS CRISES

MAR DO ABISMO
MAR DAS ONDAS
MAR DA ESPUMA
MAR DE WILLIAM HENRY SMYTH

MAR DA TRANQUILIDADE

MAR DA FERTILIDADE

OCEANO DAS TEMPESTADES

MAR DAS ILHAS

MAR DO NÉCTAR

MAR QUE SE TORNOU CONHECIDO

MAR DAS NUVENS

MAR DA UMIDADE

MAR DO SUL

MAR ORIENTAL

NOMES PARA A LUA CHEIA

As tribos Algonquinas da América do Norte tinham muitos nomes para a lua cheia em diferentes épocas do ano.

Fazendeiros da América colonial cooptaram esses nomes e os fazendeiros e jardineiros da América do Norte ainda os usam até hoje para descrever a época do ano.

Quando duas luas cheias ocorrem no mesmo mês no calendário, a segunda é coloquialmente chamada de **lua azul**. Quando duas luas novas ocorrem no mesmo mês no calendário, a segunda lua nova é chamada de **lua negra**.

A Lua do Lobo acontece em janeiro

A Lua de Neve acontece em fevereiro

A Lua dos Vermes acontece em março

A Lua Rosa acontece em abril

A Lua das Flores acontece em maio

A Lua dos Morangos acontece em junho

A Lua do Corço acontece em julho

A Lua do Esturjão acontece em agosto

A Lua do Milho acontece em setembro

A Lua do Caçador acontece em outubro

A Lua do Castor acontece em novembro

A Lua do Frio acontece em dezembro

LUZ SOLAR é LUZ ESTELAR

Durante muito tempo, os humanos achavam que nosso Sol era um tipo de corpo diferente das estrelas que eles viam no céu noturno. Faz sentido: afinal, o Sol aparece enorme no céu e é tão brilhante que nos proporciona os dias. Ele é tão poderoso que conseguimos até mesmo sentir seu calor. Mas hoje sabemos que nosso Sol é uma estrela como as outras. A luz solar é luz estelar. E é ao Sol que devemos agradecer pela vida na Terra.

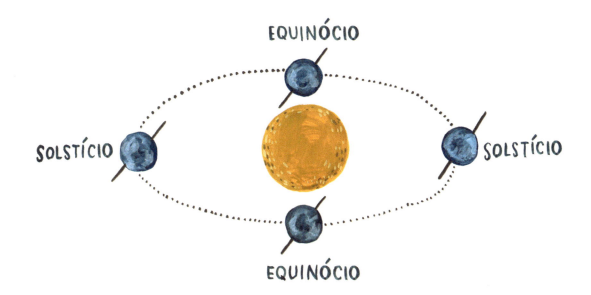

Já mencionamos que o eixo da Terra é inclinado em relação à sua órbita ao redor do Sol e que, por causa disso, temos as estações do ano. É inverno quando nosso hemisfério recebe menos raios do Sol e é verão quando ele recebe mais. É por isso que é inverno no Hemisfério Norte quando é verão no Hemisfério Sul e vice-versa.

Duas vezes por ano, dias e noites têm aproximadamente a mesma duração em todos os lugares da Terra. Nós nos referimos a esses eventos como **equinócios** e cada hemisfério vivencia tanto um equinócio de primavera — que leva ao verão — quanto um equinócio de outono — levando ao inverno. A palavra equinócio vem dos termos em latim *aequus*, que significa "igual", e *nox*, que significa "noite".

Também duas vezes por ano, a Terra passa pela inclinação máxima em direção ao Sol e pela inclinação mais distante dele. Nos referimos a esses eventos como **solstícios** de inverno e de verão. A palavra solstício vem dos termos em latim *sol*, equivalente ao termo em português, e *stice*, que significa "fixo", já que o Sol, tendo alcançado seu ponto mais alto ou mais baixo no céu, parece estar imóvel e, então, inverte seu movimento ao longo do quarto seguinte do ano, até o equinócio seguinte. No solstício de inverno, o hemisfério afetado recebe a menor quantidade de luz e a maior escuridão de todo o ano (ou seja, o dia mais curto e a noite mais longa do ano). No solstício de verão, o mesmo hemisfério recebe a maior quantidade de luz e a menor escuridão em todo o ano (ou seja, o dia mais longo e a noite mais curta do ano).

ECLIPSES LUNARES

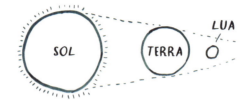

Eclipses ocorrem quando a Terra, a Lua e o Sol estão perfeitamente alinhados no céu.

Um eclipse lunar ocorre quando a Terra está exatamente entre o Sol e a Lua e podemos ver a sombra da Terra pairar sobre a Lua. Um eclipse solar ocorre quando a Lua está diretamente entre a Terra e o Sol e podemos ver a silhueta da lua enquanto ela passa pelo Sol.

Pelo fato de os eclipses lunares só poderem ocorrer quando a Terra está entre a Lua e o Sol, eles só acontecem durante a lua cheia e apenas quando o alinhamento é idealmente adequado para que a Terra lance uma sombra que seja visível na Lua. Em geral, há alguns eclipses lunares durante o ano e eles podem ser vistos de qualquer lugar na Terra (contanto que esteja de noite quando você estiver olhando). A sombra produzida pela Terra na Lua quase sempre tem uma tonalidade avermelhada, que fica ainda mais acentuada durante um eclipse lunar total, e essa é a razão pela qual esses eclipses às vezes podem ser chamados de "lua de sangue".

TIPOS DE ECLIPSE LUNAR

ECLIPSE PARCIAL
Quando o disco lunar está parcialmente coberto pela sombra produzida pela Terra.

ECLIPSE TOTAL
Quando o disco lunar é inteiramente coberto pela sombra produzida pela Terra.

ECLIPSE PENUMBRAL
Quando o disco lunar é coberto pela sutil penumbra da sombra da Terra.

ECLIPSES SOLARES

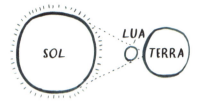

Geralmente, também temos alguns eclipses solares durante o ano, mas eles não são tão fáceis de observar quanto os eclipses lunares.

Eles apenas são visíveis de lugares ao longo de um caminho específico na Terra. Eles também podem ser perigosos de se observar — olhar diretamente para um eclipse solar, afinal de contas, significa olhar diretamente para o Sol. Se você decidir assistir a um deles, assegure-se de estar usando equipamento de proteção apropriado para seus olhos.

Como você pode imaginar, eclipses eram uma fonte de mistério para os antigos humanos, que acreditavam que a Terra era plana e estava no centro do Universo. Uma ampla variedade de lendas foi contada a fim de explicar esses eclipses e, assim como outros fenômenos celestes, eles às vezes eram interpretados como maus agouros. Na Grécia antiga, os praticantes de bruxaria reivindicavam a responsabilidade pelos eclipses lunares, se gabando de sua habilidade de tirar a Lua do céu. Na China antiga, por vezes se dizia que os eclipses solares eram causados por um dragão, que dava uma mordida no Sol.

TIPOS DE ECLIPSE SOLAR

ECLIPSE PARCIAL
Quando o disco solar é parcialmente obscurecido pela Lua.

ECLIPSE TOTAL
Quando o disco solar é inteiramente obscurecido pela Lua e apenas um tênue aro da luz solar é visível ao redor dela.

ECLIPSE ANULAR
Quando a Lua está em seu ponto mais distante da Terra durante um eclipse lunar, seu disco não obscurece o Sol por inteiro e um aro do Sol é visto ao redor dela.

as AURORAS

A Terra é protegida por um campo magnético chamado **magnetosfera**, que se estende de um polo a outro e para fora deles. Também chamado de **campo geomagnético**, a magnetosfera tem um polo sul e um polo norte, mas eles estão separados dos polos Norte e Sul geográficos. E enquanto os polos Norte e Sul geográficos se mantêm constantes ao longo do tempo, os **polos geomagnéticos** se movem. Atualmente, o campo geomagnético está inclinado cerca de dez graus distante do eixo da Terra.

Nosso campo magnético é uma grande parte daquilo que torna possível a vida na Terra, sobretudo porque ele nos protege contra os prejudiciais **ventos solares** — partículas carregadas que são transmitidas para fora do Sol até nosso Sistema Solar. Em vez de ter consequências mortais, os ventos solares são defletidos para longe de nós pela magnetosfera. Quando os ventos solares são particularmente fortes, as perturbações que eles causam na magnetosfera da Terra às vezes são visíveis como **auroras**.

As auroras, em geral, ocorrem nos polos geomagnéticos e ao redor deles. As localizações geográficas de onde as auroras são visíveis mudaram ao longo do tempo, junto da mudança do eixo dos polos geomagnéticos. Quando o fenômeno da aurora ocorre próximo ao Polo Norte geográfico, ela é chamada de **aurora boreal**. Quando ocorre próxima ao Polo Sul geográfico, ela é chamada de **aurora austral**.

• 112 •

Infelizmente, os ventos solares são difíceis de prever, então não é fácil saber quando uma aurora vai ocorrer. Adicione a isso o fato de que elas com frequência só são observáveis em locais relativamente remotos e ermos, e temos, de fato, um fenômeno bem difícil de acompanhar.

As manifestações da aurora são variadas e um tanto extraordinárias. Elas podem ser puramente brancas ou coloridas, em um espectro do verde-claro ao rosa, roxo e azul. Às vezes, aparecem como um brilho suave próximo ao horizonte. Outras vezes, elas podem tomar o domo inteiro no céu, pulsando rapidamente para cima em qualquer direção, levando de poucos minutos até várias horas de cada vez.

Dada a cativante e imprevisível aparência das auroras, é fácil entender por que os humanos teriam atribuído explicações mágicas ao fenômeno. Muitas culturas ancestrais viam as auroras como um mau agouro. Outros acreditavam que as luzes eram os espíritos dos mortos, voltando à Terra para visitar suas famílias. Algumas tradições dos aborígenes australianos viam as auroras como fogueiras acesas no mundo espiritual. Outras culturas acreditavam que elas eram deuses, zelando pela humanidade lá do céu.

OS
PLANETAS

"ESTRELAS ERRANTES"

Os primeiros observadores do céu noturno notaram que nem todo ponto brilhante de luz se comportava da mesma maneira. Alguns se destacavam — viajantes que faziam caminhos muito diferentes pelo céu e tinham um brilho mais claro que o restante das estrelas. Alguns até pareciam viajar em uma direção, daí então passavam ao sentido contrário, depois invertiam outra vez e continuavam sua trajetória original.

Os gregos antigos chamavam esses desajustados de *planes aster*, ou "estrelas errantes". Foi dessa expressão que tiramos o nome usado atualmente para esses objetos: *planetas*. Eles fazem um caminho próprio pelo céu porque estão relativamente muito mais próximos de nós, então percebemos seus movimentos de forma diferente do que os movimentos das estrelas distantes.

Os primeiros astrônomos só tinham conhecimento de cinco planetas: Mercúrio, Vênus, Marte, Júpiter e Saturno. Esses são os cinco planetas visíveis a olho nu. Os dois outros planetas em nosso Sistema Solar, Urano e Netuno, são visíveis apenas com o auxílio de binóculo ou de um telescópio e, por isso, não foram descobertos pelos astrônomos antes dos séculos XVIII e XIX.

Em geral, a gravidade do Sol é mais forte nos objetos que estão mais próximos a ele; assim, os objetos mais ao interior do Sistema Solar têm as órbitas mais curtas e as maiores **velocidades orbitais** (orbitam o Sol mais rapidamente). Mercúrio, o planeta mais próximo do Sol, leva cerca de 88 dias terrestres para orbitar o Sol, comparado aos 365 dias que a Terra leva para completar sua órbita. O planeta mais afastado em nosso Sistema Solar, Netuno, leva 165 anos terrestres para orbitar o Sol — quase 700 vezes mais tempo do que Mercúrio.

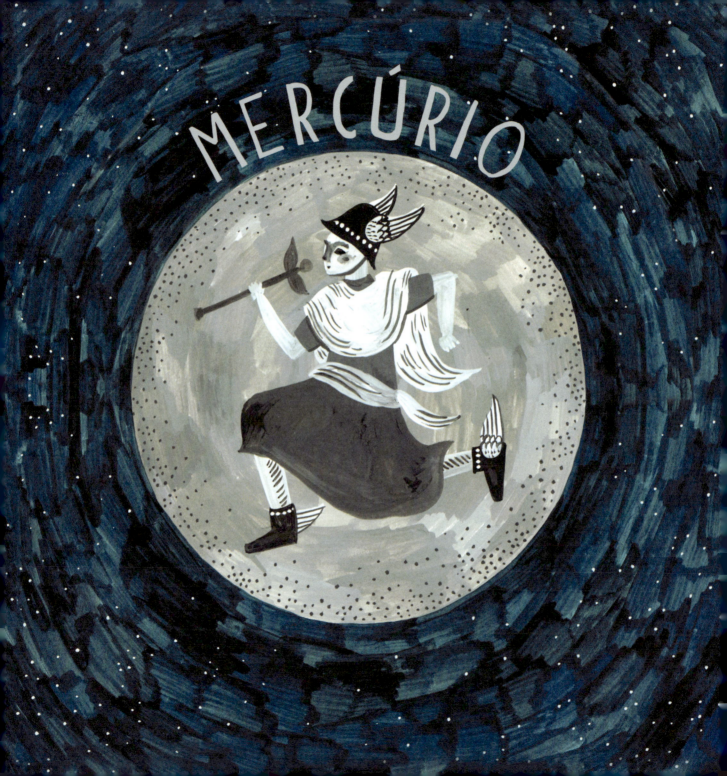

MERCÚRIO

DIÂMETRO 4.879,4 km

DISTÂNCIA DO SOL Devido à sua excêntrica órbita elíptica, a distância varia de 47 milhões de km a 70 milhões de km

LUAS Nenhuma

PERÍODO DE ROTAÇÃO (DURAÇÃO DE UM DIA MERCURIANO) 58 dias terrestres, 15 horas e 30 minutos

PERÍODO DE REVOLUÇÃO (DURAÇÃO DE UM ANO MERCURIANO) 88 dias terrestres

Mercúrio é o menor planeta de nosso Sistema Solar e apenas um pouco maior que nossa própria lua. É o planeta mais próximo do Sol, o que pode tornar difícil de vê-lo no céu, mas é visível por vezes e conhecido pelos humanos desde tempos ancestrais. Pelo fato de Mercúrio viajar pelo céu mais rápido que outros planetas, ele foi batizado em homenagem ao deus romano mensageiro **Mercurius**, conhecido por sua velocidade.

Os planetas mais afastados são, em geral, compostos por gases, mas como a Terra, Marte e Vênus, Mercúrio é um planeta **telúrico**, ou seja, é composto, em sua maior parte, por rochas e metais (o termo vem do latim *tellus*, sinônimo de terra — e que dá nome ao nosso planeta).

Cada planeta em nosso Sistema Solar tem convenções distintas para nomear suas características geológicas. Em Mercúrio, as crateras são nomeadas em homenagem a músicos, pintores, escritores e outros artistas. Temos a **cratera Ellington**, batizada em homenagem ao músico norte-americano de jazz Duke Ellington. Temos a **cratera Izquierdo**, nomeada em homenagem à pintora mexicana María Izquierdo. Temos até mesmo a **cratera Van Gogh**, batizada em homenagem ao lendário pintor impressionista Vincent van Gogh.

MERCÚRIO RETRÓGRADO

Por causa do fenômeno de **movimento retrógrado** aparente, Mercúrio parece viajar ao longo de seu caminho costumeiro, então parar e viajar ao contrário, antes de reverter outra vez e seguir adiante. Alguns acreditam que o planeta Mercúrio rege a comunicação e a verdade e que, quando parece viajar ao contrário — quando "Mercúrio está retrógrado" — a comunicação e a verdade são lançadas na desordem. Na verdade, o planeta nunca muda de direção — é apenas uma ilusão causada pelas posições relativas da Terra e de Mercúrio. Mas se você acredita que os planetas exercem influência sobre os acontecimentos na sua vida, um planeta que aparentemente muda de direção várias vezes ao ano com certeza dá a impressão de ser um mau presságio.

VÊNUS

DIÂMETRO 12.104 km
DISTÂNCIA DO SOL 108 milhões de km
LUAS Nenhuma
PERÍODO DE ROTAÇÃO (DURAÇÃO DE UM DIA VENUSIANO) 243 dias terrestres
PERÍODO DE REVOLUÇÃO (DURAÇÃO DE UM ANO VENUSIANO) 225 dias terrestres

Segundo planeta mais próximo do Sol, Vênus foi batizado em alusão à deusa romana do amor e da beleza. Algumas peculiaridades o diferenciam dos outros planetas em nosso Sistema Solar. Por exemplo, ele gira em seu eixo de leste para oeste, em vez de oeste para leste, como os demais. E completa uma **rotação** em seu eixo uma vez a cada 243 dias terrestres, mas completa uma **revolução** ao redor do Sol uma vez a cada 225 dias terrestres. Portanto, um dia venusiano na verdade é mais longo que um ano venusiano.

Como Mercúrio, Terra e Marte, Vênus é um planeta **telúrico**. É similar em tamanho e em massa à Terra, mas é muito mais quente. Seu calor não se deve somente à sua proximidade com o Sol, mas também ao desenfreado **efeito estufa** causado por sua densa atmosfera, que mantém o calor preso. Sua temperatura média — mais de 426ºC — é alta o bastante para derreter chumbo, fazendo dele o planeta mais quente de nosso Sistema Solar.

Ele também é muito claro — tão claro que às vezes pode ser visto durante o dia. A mesma atmosfera densa e enevoada que faz de Vênus tão quente reflete uma grande quantidade de luz solar que atinge o planeta, fazendo com que ele brilhe em nosso céu.

A maioria dos elementos da superfície de Vênus é batizada em homenagem a importantes mulheres de diversos países e culturas. Alguns são nomeados em alusão a mulheres notáveis de nossa história, como a **cratera Tubman**, batizada em homenagem à humanitária norte-americana Harriet Tubman. Outros receberam seus nomes de figuras femininas da religião e da mitologia, como o planalto **Lakshmi Planum**, homenagem à deusa indiana do amor e da guerra.

TERRA

DIÂMETRO 12.742 km
DISTÂNCIA DO SOL 149,6 milhões de km
LUAS 1, a Lua
PERÍODO DE ROTAÇÃO (DURAÇÃO DE UM DIA TERRESTRE) 1 dia
PERÍODO DE REVOLUÇÃO (DURAÇÃO DE UM ANO TERRESTRE) 365 dias

O único planeta que não foi batizado em alusão a uma divindade grega ou romana é nossa própria Terra. A palavra *terra* vem do latim (o termo em inglês, *earth*, vem do inglês arcaico) e quase todas as línguas nomearam a Terra com um termo sinônimo ou similar à palavra para designar solo. De nossa perspectiva na Terra, não parece que o solo onde estamos tenha algo em comum com os pontos brilhantes de luz passando no céu acima de nós. Foram necessários um bom tempo e alguns cientistas revolucionários, como **Nicolau Copérnico** e **Galileu Galilei**, para nos mostrar que a Terra orbita ao redor do Sol e que é um planeta como todos os outros.

A Terra é o maior entre os quatro planetas **telúricos** — compostos por rochas densas e metal que possuem superfícies externas rígidas. É o único planeta confirmado a ter **água líquida** e está perto o bastante do Sol para que possamos sentir seu calor, mas não tão perto ao ponto de o calor impedir o desenvolvimento da vida. A vida na Terra é possível apenas por causa das muitas circunstâncias especiais que acabaram por se alinhar para o planeta. Mesmo pequenas mudanças na posição e na composição do planeta poderiam ter feito com que a vida como a conhecemos nunca tivesse sido capaz de existir.

Até onde sabemos, a Terra é o único lugar no Universo capaz de abrigar vida, mas nós agora estamos procurando por outros lugares onde a vida poderia existir. Até agora, parece que Marte é o melhor candidato — missões recentes revelaram que as condições em Marte podem um dia ter sido muito mais parecidas com as da Terra. **Titã**, uma lua de Saturno, e **Europa**, uma lua de Júpiter, são outras candidatas em nosso próprio Sistema Solar que se imagina poderem ter potencial para abrigar vida.

MARTE

DIÂMETRO 6.779 km
DISTÂNCIA DO SOL 227,9 milhões de km
LUAS 2, Phobos e Deimos
PERÍODO DE ROTAÇÃO (DURAÇÃO DE UM DIA MARCIANO) 1 dia terrestre e 40 minutos
PERÍODO DE REVOLUÇÃO (DURAÇÃO DE UM ANO MARCIANO) 687 dias terrestres

Quarto planeta a partir do Sol, Marte foi batizado em alusão ao deus romano da guerra (análogo ao deus grego **Ares**). No céu noturno, Marte em geral tem um brilho vermelho, a cor do fogo e do sangue; então, seu nome parece bastante adequado. Ele é o segundo menor entre os planetas de nosso Sistema Solar; apenas maior que Mercúrio. Apesar de ter cerca de metade do diâmetro da Terra, Marte na verdade partilha de algumas características-chave de nosso planeta. Seu dia tem quase a mesma duração de um dia na Terra. Devido ao seu eixo inclinado, ele experimenta estações assim como nós, na Terra. E possui **calotas polares**, como as da Terra.

Marte é o último planeta **telúrico**; os planetas com órbitas, além dele, são todos gigantes gasosos. Há evidências de uma atmosfera e de **água líquida** em seu passado, e muitos cientistas acreditam na possibilidade de vida — ou ao menos traços de vida passada.

É o lar da **Olympus Mons**, a maior montanha do Sistema Solar. A montanha tomou seu nome do **Monte Olimpo**, a mais alta da Grécia e lar mitológico dos deuses gregos. Ela é quase duas vezes e meia mais alta que o Monte Everest.

Marte é um cenário clássico para histórias de ficção científica e, bem adequadamente, suas maiores crateras foram batizadas com nomes de criadores da ficção científica, como a **cratera Roddenberry**, nomeada em alusão a Gene Roddenberry, criador de *Jornada nas Estrelas*. Talvez pelo fato de Marte nos lembrar tanto de casa, crateras menores de Marte receberam nomes de lugares na Terra, como a **cratera La Paz**, em alusão a La Paz, no México, e a **cratera Reykholt**, batizada em alusão a Reykholt, na Islândia.

Nossa conexão com o planeta vermelho cresceu com as **missões exploratórias de Marte**, que tiveram início em 2003. Essas missões sem precedentes usam tecnologia robótica para percorrer a superfície do planeta, procurando por sinais de água e vida, além de estudarem outros aspectos de Marte.

JÚPITER

DIÂMETRO 139.822 km
DISTÂNCIA DO SOL 778,5 milhões de km
LUAS 67. Io, Europa, Ganimedes e Calisto são as quatro maiores.
PERÍODO DE ROTAÇÃO (DURAÇÃO DE UM DIA JUPITERIANO) 9 horas e 56 minutos
PERÍODO DE REVOLUÇÃO (DURAÇÃO DE UM ANO JUPITERIANO) 12 anos terrestres

O quinto e maior planeta de nosso Sistema Solar foi nomeado em alusão ao deus romano do céu e do trovão, rei do panteão romano (análogo ao deus grego **Zeus**). Não admira os astrônomos clássicos igualarem o enorme **gigante gasoso** ao seu mais poderoso deus. Depois da lua da Terra e de Vênus, Júpiter é o terceiro elemento mais visível em nosso céu noturno — mesmo antes de cientistas descobrirem seu tamanho descomunal (duas vezes e meia maior do que todos os outros planetas de nosso Sistema Solar somados), ele já era visto como um importante objeto celeste.

Júpiter é o mais próximo e o maior dos gigantes gasosos. Ele não tem uma superfície sólida, apesar de poder ter um núcleo sólido. É composto majoritariamente pelos gases hidrogênio e hélio e é coberto por tempestades. A maior delas é chamada de **Grande Mancha Vermelha**, um enorme furacão cuja cólera varre a atmosfera de Júpiter há 186 anos ou mais. A Grande Mancha Vermelha é maior do que a Terra.

O dia de Júpiter tem menos de dez horas de duração, o período de **rotação** mais rápido entre os planetas de nosso Sistema Solar.

Galileu foi o primeiro a descobrir as maiores luas de Júpiter, hoje chamadas de **luas galileanas**. Essas quatro de suas 67 luas têm nomes tirados de figuras sujeitas à crueldade de Zeus: **Calisto**, **Europa**, **Ganimedes** e **Io**. Europa é considerada um dos corpos mais importantes em nosso Sistema Solar — apontada como uma grande candidata à exploração científica e vista como um dos lugares onde poderia existir vida alienígena.

SATURNO

DIÂMETRO 116.464 km
DISTÂNCIA DO SOL 1,4 bilhão de km
LUAS 62. Incontáveis miniluas adicionais menores e outros satélites formam seus anéis.
PERÍODO DE ROTAÇÃO (DURAÇÃO DE UM DIA SATURNIANO) 10 horas e 42 minutos
PERÍODO DE REVOLUÇÃO (DURAÇÃO DE UM ANO SATURNIANO) 29 anos terrestres

Segundo **gigante gasoso** e sexto planeta a partir do Sol, Saturno recebeu seu nome em alusão ao deus romano da agricultura (análogo ao deus grego **Cronos**). **Galileu** foi o primeiro a registrar observações dos famosos anéis de Saturno, mas a tecnologia telescópica que ele tinha disponível não era poderosa o suficiente para que fosse capaz de decifrar o que eles eram — ele imaginou que pudessem ser luas. Na década de 1650, o astrônomo e matemático holandês **Christiaan Huygens** foi o primeiro a reconhecê-los como anéis. E no início dos anos 1980, a missão **Voyager** alcançou Saturno e enviou fotos dos anéis para a Terra.

As 62 luas de Saturno têm uma grande variedade de tamanhos. **Titã**, a maior, é a segunda maior lua no Sistema Solar e é maior que o planeta Mercúrio. Mas algumas das menores luas de Saturno têm apenas uns poucos quilômetros de diâmetro e dificilmente se parecem com a ideia que temos de uma lua, tendo formas mais parecidas com a de uma batata, em vez de esféricas. Após Titã ser descoberta, em 1655, muitas das luas de Saturno descobertas subsequentemente foram batizadas em alusão aos Titãs, protodeuses e protodeusas da mitologia grega: **Tétis**, **Jápeto**, **Reia**, entre outros.

Com planetas, luas e outros objetos celestes começando a exaurir o poço dos nomes de divindades gregas e romanas, as pessoas enfim começaram a incluir referências a outras tradições ao nomearem as descobertas celestes. Um grupo de luas de Saturno tem seus nomes tirados da mitologia **inuíte**. Entre eles, estão **Siarnaq**, **Tarqeq** e **Kiviuq**. Outro grupo foi batizado em alusão a figuras da mitologia **nórdica**, incluindo **Skathi**, **Fenrir** e **Ymir**. Um terceiro grupo tem seus nomes inspirados nos mitos gauleses, incluindo **Tarvos** e **Albiorix**.

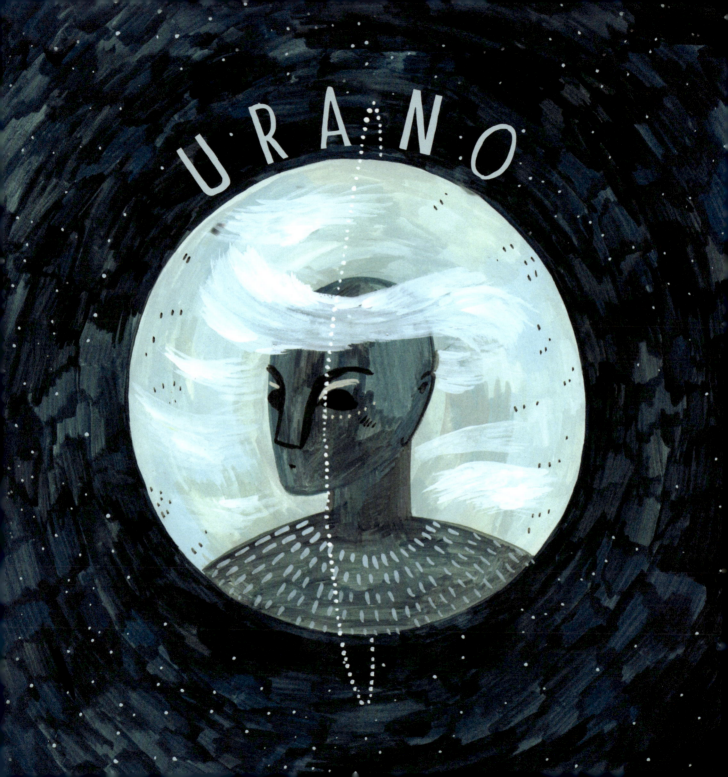

URANO

DIÂMETRO 50.724 km
DISTÂNCIA DO SOL 2,9 bilhões de km
LUAS 27. As cinco maiores são Miranda, Ariel, Umbriel, Titânia e Oberon.
PERÍODO DE ROTAÇÃO (DURAÇÃO DO DIA URANIANO) 17 horas e 14 minutos
PERÍODO DE REVOLUÇÃO (DURAÇÃO DE UM ANO URANIANO) 84 anos

Terceiro **gigante gasoso** e sétimo planeta a partir do Sol, Urano foi batizado em alusão ao deus grego dos céus, **Ouranos** (conhecido como **Caelus** na mitologia romana), fazendo dele o único planeta em nosso Sistema Solar nomeado com a iteração grega de um deus em vez da romana. Urano era pai de Cronos e avô de Zeus, então, em um diagrama do Sistema Solar, os três planetas Urano, Saturno (Cronos, na mitologia grega) e Júpiter (Zeus, na mitologia grega) estão dispostos como uma espécie de árvore genealógica.

Urano, junto de seu vizinho mais externo, Netuno, é classificado tanto como um gigante gasoso como um **gigante gelado**, com uma composição química diferente dos verdadeiros gigantes gasosos, Júpiter e Saturno. Ele tem uma aparência levemente azul-clara quando visto pelo telescópio e tem um tênue sistema de anéis, primeiramente suposto por **William Herschel** e depois confirmado por um observatório da **NASA**. Ele é o único planeta em nosso Sistema Solar com um eixo inclinado quase que perpendicular à sua órbita ao redor do Sol, então, em vez de rotacionar com seu equador apontado em direção ao Sol, em um momento determinado ele estará apontando um polo ou outro em direção ao Sol — quase como se ele rolasse ao longo de sua órbita feito uma bola de boliche, em vez de rodando feito um globo.

Urano foi o primeiro planeta descoberto na época moderna. Herschel, que o observou em 1781, queria batizar o planeta em homenagem ao rei George III, mas as convenções de batismo usando figuras da mitologia clássica acabaram prevalecendo. Cientistas que estudam Urano hoje em dia acham que a pressão no planeta pode ser grande o bastante para ter criado um oceano de diamante líquido sob a atmosfera do planeta.

Cada uma das 27 luas de Urano foi nomeada em alusão a um personagem de peças de Shakespeare: **Julieta**, **Próspero**, **Desdêmona** e **Puck** são alguns deles.

NETUNO

DISTÂNCIA DO SOL 4,5 bilhões de km
LUAS 14. A maior delas é Tritão.
PERÍODO DE ROTAÇÃO (DURAÇÃO DE UM DIA NETUNIANO) 16 horas e 6 minutos
PERÍODO DE REVOLUÇÃO (DURAÇÃO DE UM ANO NETUNIANO) 165 anos terrestres.

Último **gigante gasoso** e oitavo e último planeta de nosso Sistema Solar, Netuno recebeu seu nome em alusão ao deus romano dos mares (conhecido como **Poseidon** na mitologia grega). Netuno é similar em tamanho e em composição interna a Urano. Quando visto por meio de um telescópio, possui um tom azulado ainda mais profundo que o de Urano e as observações do planeta revelaram que sua superfície é um dos lugares mais tempestuosos e assolados por ventos do Sistema Solar. Ele até contém manchas escuras visíveis — que, como a **Grande Mancha Vermelha** de Júpiter, na verdade são gigantescas e prolongadas tempestades.

As luas de Netuno foram batizadas em alusão a deuses aquáticos gregos de menor escalão. Sua maior lua, **Tritão**, tem o nome do filho do deus dos mares, Poseidon. Tritão é a única das grandes luas de nosso Sistema Solar a ter uma **órbita retrógrada** ao redor de seu planeta — ela se desloca em sentido oposto à **rotação** do planeta.

Netuno não pode ser visto sem o auxílio de um telescópio e é o único planeta a ter sido descoberto não por observação direta, mas por predições baseadas em modelos matemáticos. Cientistas que observavam o movimento de Urano notaram discrepâncias na posição do planeta que só poderiam ser explicadas pela influência de outro planeta ainda não descoberto. Este acabou sendo Netuno, cuja existência foi confirmada por observações telescópicas logo depois disso, em 1846. Ele tem o mais longo período orbital entre todos os nossos planetas, fazendo uma **revolução** ao redor do Sol apenas a cada 165 anos terrestres, o que significa que, desde que ele foi descoberto, passou-se apenas um ano netuniano completo.

OBJETOS EXTERNOS

Além dos planetas mais afastados, existem incontáveis corpos celestes que estão sob a influência da gravidade do nosso Sol. Nós ainda estamos aprendendo sobre esses corpos — a ideia de que haja qualquer coisa em nosso Sistema Solar mais além da órbita de Netuno surgiu há menos de um século. Os objetos localizados depois de Netuno estão, é claro, muito distantes de nós e não foram tão estudados quanto nossos vizinhos planetários mais próximos, mas aprendemos cada vez mais sobre eles.

Cinturão de Kuiper

Para além da órbita de Netuno, se encontra um amplo anel de corpos congelados chamado de **Cinturão de Kuiper.** Ele inclui um número de **planetas anões**, objetos similares a planetas, mas pequenos demais para serem classificados como tal. **Plutão** é um deles. Ele era considerado um planeta de verdade até o início dos anos 2000, quando vários outros objetos do Cinturão de Kuiper, próximos em tamanho a Plutão, foram descobertos e, então, o conceito de planeta precisou ser redefinido.

Ainda mais distante que o Cinturão de Kuiper é uma nuvem esférica de corpos e detritos congelados que circunda nosso Sistema Solar. Pouco se sabe sobre esse distante componente de nosso sistema e ele nunca foi observado diretamente. Foi batizado de **Nuvem de Oort** em homenagem ao astrofísico holandês **Jan Oort**, o primeiro a anunciar sua existência.

A nuvem de Oort

Alguns cientistas acreditam que muitos dos nossos cometas tiveram origem na Nuvem de Oort e, também, que alguns objetos lançados do interior da nuvem foram capturados como luas pela gravidade dos planetas mais externos.

ASTEROIDES, COMETAS & METEOROS

COMETAS

Cometas são blocos de rocha e gelo que viajam em órbitas elípticas ao redor do Sol. Eles são classificados como cometas de **curto período**, que levam até duzentos anos para orbitar o Sol, ou cometas de **longo período**, que têm órbitas mais longas ao redor do Sol — de mais de duzentos até milhares de anos.

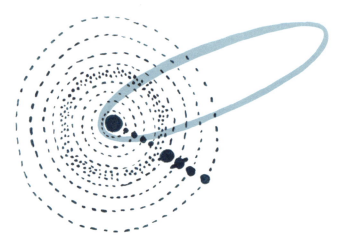

Quando a trajetória de um cometa faz com que passe pelo Sol, ele se aquece e os gases em seu interior são liberados, fazendo com que uma **coma** — uma atmosfera difusa — apareça ao redor do núcleo do cometa. Às vezes, essa emissão de gases também faz com que uma **cauda** se estenda para trás do cometa. A palavra *coma* vem do termo em grego para "cabelo" — se referindo à aparência semelhante a uma cabeleira da *coma* e da cauda — e é a origem do termo *cometa*.

Antes do advento da ciência moderna, cometas eram frequentemente considerados presságios — sinais de doenças e morte iminentes, de uma reviravolta no governo ou da fome. Eles eram aparições perturbadoras no céu noturno — apareciam sem aviso, se comportavam de modo estranho e eram difíceis de prever.

Essas superstições tinham um lado positivo: pelo fato de os cometas serem considerados importantes eventos astronômicos, eles eram amplamente registrados em grandes detalhes. Esses registros, remontando muitos séculos atrás, ajudaram os astrônomos a estudar os cometas do passado distante.

Os cometas são tipicamente batizados com o nome da pessoa que os descobriu. O cometa **35P/Herschel-Rigollet**, por exemplo, foi descoberto primeiramente em 1788 por **Caroline Herschel** e redescoberto em 1939 por **Roger Rigollet**.

O cometa mais amplamente conhecido, **1P/Halley**, foi batizado em homenagem ao renomado cientista **Edmund Halley**. Ele é uma notável exceção à regra dos cometas serem batizados com o nome de seus descobridores, porque o Cometa Halley, como também é conhecido, foi descoberto, redescoberto e registrado durante séculos (o primeiro avistamento registrado do cometa foi em 240 a.C.). Mas ninguém antes de Halley tinha sido capaz de reconhecer e provar que aqueles muitos avistamentos eram do mesmo cometa, reaparecendo uma vez após a outra ao longo dos séculos.

METEOROS

Às vezes, nós pensamos no "espaço" do espaço sideral como sendo vazio, mas muito dele, na verdade, é apinhado de pequenos pedaços de detritos. Esses pedaços geralmente não são nocivos para nós, na Terra. Nós até podemos vê-los quando eles aparecem na forma de **estrelas cadentes**.

Há três nomes científicos para esses pedaços de detritos: *meteoroide*, *meteoro* e *meteorito*. Seus nomes têm som parecido, mas cada um deles se refere a um estágio distinto na vida de um desses pedaços de detrito que surgem da dispersão das trilhas de cometas e asteroides.

Conforme viajam ao redor do Sol, os cometas frequentemente deixam uma trilha de poeira em seu rastro — pequenos blocos do cometa deixados para trás quando o sol faz com que a matéria ao redor deles emita **gases**. Essas trilhas podem se sobrepor à órbita da Terra e, com toda a poeira espacial flutuando ao redor de nossa órbita, nós de vez em quando nos encontramos com algum deles. Quando isso acontece, todos

esses pedacinhos de detritos entram em contato com nossa atmosfera e queimam todos de uma única vez, em uma estonteante exibição que vemos como uma **chuva de meteoros**. Durante uma chuva de meteoros, é possível ver centenas de "estrelas cadentes" por hora.

Quando um pequeno corpo rochoso se dirige em direção à Terra, ele é chamado de **meteoroide**.

Quando um meteoroide entra na atmosfera da Terra e queima, criando um clarão ou um rastro de luz no céu noturno, ele é chamado de **meteoro**.

Um pedaço de meteoro que sobrevive à viagem através da atmosfera e, então, pousa na Terra é chamado de **meteorito**.

Em uma chuva de meteoros, eles parecem cair de um ponto específico no céu, chamado de **radiante**, e as chuvas têm os mesmos nomes das constelações que contêm esse ponto. Por exemplo, a famosa chuva de meteoros das **Perseidas** acontece todo mês de agosto quando a Terra passa por um campo de meteoroides deixados para trás pelo cometa **109P/Swift-Tuttle**. O radiante dos meteoros resultantes está na constelação de Perseu, então nós chamamos essa chuva de meteoros de Perseidas.

Pelo fato de as chuvas de meteoros ocorrerem quando a Terra passa por um ponto em particular em sua órbita, onde há muitos detritos, podemos determinar quando e onde uma chuva de meteoros específica vai acontecer — elas acontecem mais ou menos uma vez por ano.

Chuvas de meteoros são fáceis de ver nas horas mais escuras da noite, quando há uma menor quantidade de poluição luminosa. Também é mais fácil vê-las durante a lua nova, ou quase nova, já que a lua cheia pode causar poluição luminosa mais que suficiente para interferir na observação de estrelas. Aqui estão algumas das chuvas de meteoros mais notáveis.

as QUADRÂNTIDAS

O auge do fenômeno das Quadrântidas atualmente acontece no início de janeiro. A chuva parece cair da constelação de Boötes, mas foi batizada em alusão a uma constelação obsoleta, Quadrans Muralis, cujas estrelas agora pertencem a Boötes.

COMETA ASSOCIADO **Desconhecido**

as LÍRIDAS

O auge do fenômeno das Líridas atualmente acontece entre o meio e o final de abril e a chuva parece cair da constelação de Lyra.

COMETA ASSOCIADO **C/1861 G1 (Thatcher)**

as ETA AQUÁRIDAS

O auge do fenômeno das Eta Aquáridas atualmente acontece no início de maio e a chuva parece cair da constelação de Aquário.

COMETA ASSOCIADO **1P/Halley (Cometa Halley)**

as PERSEIDAS

O auge do fenômeno das Perseidas atualmente acontece entre o início e o meio de agosto e a chuva parece cair da constelação de Perseu.

COMETA ASSOCIADO **109P/Swift-Tuttle**

as ORIÓNIDAS

O auge do fenômeno das Oriónidas atualmente acontece entre o meio e o final de outubro e a chuva parece cair da constelação de Órion.

COMETA ASSOCIADO **1P/Halley (Cometa Halley)**

as LEÔNIDAS

O auge do fenômeno das Leônidas atualmente acontece entre o meio e o final de novembro e a chuva parece cair da constelação de Leão.

COMETA ASSOCIADO **55P/Tempel-Tuttle**

as GEMÍNIDAS

O auge do fenômeno das Gemínidas atualmente acontece em meados de dezembro e a chuva parece cair da constelação de Gêmeos.

CORPO ASSOCIADO **Asteroide 3200 Phaethon**

ASTEROIDES

Asteroides são detritos rochosos em nosso Sistema Solar, classificados em um grupo à parte dos cometas e dos meteoroides. Enquanto cometas são compostos primariamente de gelo e poeira, os asteroides são compostos primariamente por rochas, assim como os meteoroides, mas são muito maiores.

O primeiro asteroide a ser batizado, **Ceres**, foi descoberto entre as órbitas de Marte e Júpiter no início do século XIX. Na época, ele foi classificado como um planeta, ainda que tivesse apenas uma fração do tamanho de nossa lua. Quanto mais e mais asteroides foram sendo descobertos, ficou claro que Ceres compartilhava uma órbita com incontáveis outros blocos de rocha. Ele então foi reclassificado como planeta anão, o maior objeto em um enorme anel de asteroides orbitando o Sol. Essa região é conhecida como o **cinturão de asteroides** e contém milhares (possivelmente milhões) de asteroides individuais.

O termo *asteroide* vem da palavra aster — "estrela", em grego antigo —, porque, quando os asteroides foram descobertos, se pareciam com pontos brilhantes de luz vistos pela lente de um telescópio.

Hoje, os asteroides são frequentemente classificados como planetoides ou planetas menores, mesmo que alguns asteroides sejam grandes o suficiente para terem suas próprias luas. Alguns são tão pequenos que são confundidos com meteoroides, pois a linha entre um asteroide e um meteoroide pode ser indistinta — em geral, a diferenciação

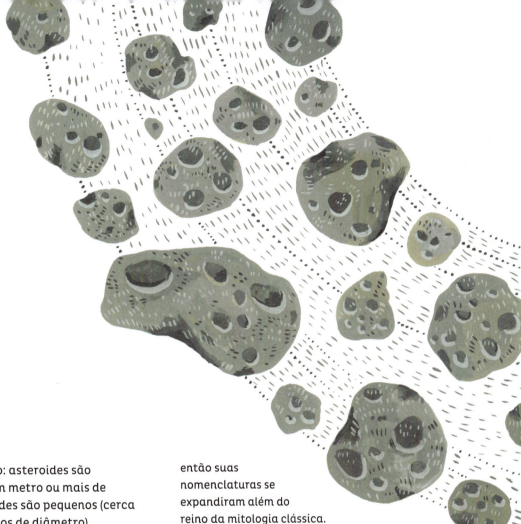

é feita pelo tamanho: asteroides são grandes (cerca de um metro ou mais de diâmetro), meteoroides são pequenos (cerca de um metro ou menos de diâmetro).

Antigamente, os asteroides eram batizados com nomes de personagens das mitologias grega e romana — Ceres recebeu seu nome em alusão à deusa romana da agricultura. Outros asteroides descobertos mais ou menos na mesma época receberam nomes como **Juno**, em alusão à rainha dos deuses romanos, e **Vesta**, a deusa romana do coração e do lar. Asteroides descobertos mais recentemente são batizados de forma individual por seus descobridores, então suas nomenclaturas se expandiram além do reino da mitologia clássica. Um asteroide descoberto na década de 1960 foi chamado de **2059 Baboquivari**, em alusão a uma montanha sagrada para a nação dos Tohono O'ogham, do deserto de Sonora, na América do Norte, próxima ao local onde o asteroide foi avistado. Outro asteroide, descoberto nos anos 1980, se chama **2675 Tolkien**, em homenagem ao autor de fantasia J.R.R. Tolkien.

O ESPAÇO PROFUNDO

MENSAGENS para as ESTRELAS

Nós passamos muito tempo tentando interpretar as mensagens que vemos nas estrelas. Algumas décadas atrás, começamos o envio de mensagens, quando a **Pioneer 10** e a **Pioneer 11**, duas revolucionárias missões espaciais exploratórias, foram as primeiras a incluir histórias da humanidade e da vida na Terra com a intenção de serem lidas por vida extraterrestre inteligente.

A *Pioneer 10* foi lançada do cabo Canaveral, na Flórida, em 2 de março de 1972. Ela fez a primeira observação direta do planeta Júpiter. Em 13 de junho de 1983, ela se tornou a primeira espaçonave a deixar o Sistema Solar. O último contato entre a Terra e a *Pioneer 10* foi feito em 23 de janeiro de 2003, quando a fonte de energia da espaçonave enfim se esgotou.

A *Pioneer 11*, nave-irmã da *Pioneer 10*, foi lançada do cabo Canaveral em 6 de abril de 1973. Ela fez as primeiras observações diretas do planeta Saturno. O último contato entre a Terra e a *Pioneer 11* foi feito em 30 de setembro de 1995.

É bem provável que ambas as espaçonaves viajem ininterruptamente em suas atuais trajetórias durante milhares de anos antes de entrar em contato com estrelas, porque as distâncias entre os objetos no espaço profundo são tão incrivelmente vastas que é bastante improvável que elas se encontrem com qualquer coisa. *A Pioneer 10* está seguindo em direção à estrela **Aldebaran**, na constelação de **Touro**, a 68 anos-luz de distância. Ela vai levar mais de dois milhões de anos até alcançá-la. E a *Pioneer 11* está seguindo em direção à constelação de **Aquila** e vai passar por uma das estrelas da constelação em aproximadamente quatro milhões de anos. Nenhuma das duas voltará algum dia para a Terra, mas as informações que elas nos enviaram durante suas missões mudaram para sempre nosso conhecimento do espaço.

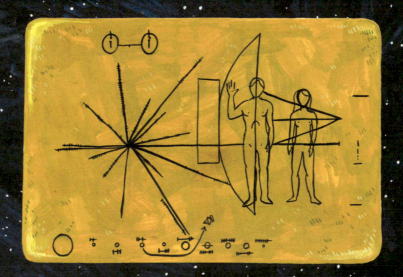

As duas naves *Pioneer* carregam placas de alumínio anodizadas em ouro, contendo imagens e símbolos gravados. As **placas** foram projetadas para informar a respeito dos humanos para formas de vida inteligentes, se as espaçonaves algum dia forem interceptadas em sua jornada através do espaço.

A artista **Linda Salzman** criou as ilustrações para a placa, que incluem um diagrama da posição de nosso Sol em relação a catorze pulsares — que poderiam ajudar um hipotético leitor da placa a triangular a posição de nosso Sistema Solar — e desenhos simples de um homem e de uma mulher, que servem como representação visual da espécie responsável pela espaçonave.

MISSÃO INTERESTELAR VOYAGER

Às missões Pioneer 10 e Pioneer 11, seguiu-se a **missão Voyager**. A *Voyager 2* foi lançada em 20 de agosto de 1977 e a *Voyager 1*, em 5 de setembro de 1977, do cabo Canaveral. A missão principal das duas era explorar Júpiter, Saturno e a maior lua de Saturno, Titã. Ambas as espaçonaves ainda mantêm comunicação com a Terra até hoje.

Expandindo a ideia da placa enviada pela *Pioneer*, um comitê liderado pelo cosmólogo **Carl Sagan** fez a curadoria de uma coleção de imagens e sons que foram gravados em discos fonográficos de metal folheados a ouro e instalados no exterior das naves da *Voyager*, junto com instruções codificadas de como fazê-los tocar. A seleção das imagens tinha a intenção de oferecer um panorama visual da vida — tanto humana quanto de outros tipos — na Terra. Elas incluíam fotografias de planetas de nosso Sistema Solar, de animais, de um esqueleto humano, uma mãe amamentando e uma ilustração do DNA.

Os registros em áudio nos discos começam com pessoas dando saudações e boas-
-novas de paz em suas respectivas línguas, de culturas e lugares de todo o mundo, incluindo muitas línguas ancestrais. Então, a gravação toca uma seleção de sons da Terra, incluindo trovões, cães uivando, trens e passos. Em seguida a eles, uma seleção de músicas de vários lugares ao redor do mundo e, por fim, uma gravação com uma hora de duração das ondas cerebrais humanas.

A *Voyager 1* viajou para mais longe da Terra do que qualquer outro objeto feito pela espécie humana e, em 2012, adentrou o **espaço interestelar**. A *Voyager 1* e a *Pioneer 10* estão voando em direções opostas a partir de nosso Sistema Solar e atualmente estão separadas pela maior distância que quaisquer outras duas espaçonaves. Se algum dia uma mensagem da humanidade realmente chegar a alguém ou algo nas estrelas, poderia ser através de uma dessas naves.

O ESPAÇO PROFUNDO

Matéria escura, energia escura, buracos negros, nebulosas, pulsares, quasares. Quanto mais aprendemos sobre o Universo, mais misterioso ele parece — e a exploração do espaço profundo apenas começou. Estamos descobrindo novas galáxias e encontrando exoplanetas em sistemas distantes. Estamos assistindo à evolução de novas estrelas que nos ajudam a entender melhor onde e como nasceu nosso próprio Sol.

Desde a aurora da humanidade, nós olhamos para o céu noturno, maravilhados e estupefatos. Mas, quanto mais aprendemos, mais vasto o Cosmo nos parece. A ciência atual estima que o Universo tem dezenas de bilhões de anos-luz de diâmetro — um número tão grande que é quase impossível de conceber.

A humanidade sempre ansiou descobrir e explorar. Nosso ímpeto de entender o mundo ao nosso redor é parte do que faz de nós aquilo que somos. E não estamos mais confinados à Terra — colocamos os pés na Lua e esperamos em seguida pousar em Marte, nosso planeta vizinho. Nossos instrumentos científicos estendem nossa presença a uma distância exponencial e, já que a ciência continua a evoluir, não há como dizer o que os futuros humanos vão descobrir no espaço profundo que nos cerca.

NEBULOSAS

Nebulosas são enormes nuvens de poeira ou gás no espaço interestelar. Elas vêm de estrelas moribundas e, também, servem como locais de nascimento para novas estrelas — às vezes, elas são chamadas de **berçários estelares.**

As nebulosas são extremamente vastas, mas não muito densas. À distância, elas se parecem com nuvens pelo fato de serem tão grandes, mas a densidade da maioria das nebulosas na verdade é mais próxima do **vácuo** do que do ar que nós respiramos aqui na Terra. Dependendo de quais **elementos** formam a nebulosa, sua cor pode variar do azul, ao vermelho e ao verde — ou até a cores fora do espectro visível de luz.

Os antigos astrônomos se referiam a qualquer objeto indistinto ou difuso no céu noturno como uma nebulosa, mas eles não tinham como detectar ou imaginar a grandiosidade das nuvens que hoje chamamos de nebulosas.

A beleza de uma nebulosa é algo de que só tomamos consciência graças à moderna observação do espaço profundo, através de instrumentos como o **Telescópio Espacial Hubble** e outros **satélites de observação.**

Muitas nebulosas são nomeadas de acordo com suas formas. A **Nebulosa Cabeça de Cavalo**, uma **nebulosa escura** na constelação de Orion registrada primeiramente pela astrônoma Willamina Fleming, tem a forma de — como você pode adivinhar — uma cabeça de cavalo. **A Nebulosa Olho de Gato**, a **Nebulosa do Anel** e a **Nebulosa Borboleta** foram todas batizadas em alusão a objetos familiares lembrados por suas formas.

TEM ALGUÉM AÍ FORA?

Qual a probabilidade de haver vida inteligente fora do nosso Sistema Solar? O cientista **Enrico Fermi** notoriamente apontou a contradição entre duas ideias opostas.

Por um lado, a probabilidade de planetas como a Terra existirem pelo Universo é razoavelmente alta e parece provável que ao menos algum deles possa ter abrigado vida inteligente em algum momento e que, como nós, essa vida tenha tentado fazer viagens e comunicação interestelares. Por outro, não há evidências de que vida extraterrestre algum dia já tenha contatado ou visitado a Terra. As condições sugerem que a vida extraterrestre deve existir, mas não temos prova dela. Essa contradição é conhecida como o **paradoxo de Fermi**.

Mesmo que vida inteligente de fato exista em algum outro lugar do Universo, seria realmente assim tão provável que ela venha a cruzar com um dos quatro minúsculos objetos dourados pertencentes às missões Pioneer e Voyager? Provavelmente, não. É quase um fiapo de senso prático a tentativa de se comunicar com vida alienígena em potencial usando apenas pequenos artefatos humanos, como as placas da *Pioneer* e as gravações da *Voyager*.

Mas ainda assim — por que não tentar? Ler mensagens vindas das estrelas tem sido uma importante parte da cultura humana por tanto tempo. É apenas natural que desejemos enviar mensagens de volta. E ainda que sejamos os únicos seres inteligentes que um dia haverão de escutar e ver essas mensagens, não deveríamos parar de mandá-las. Afinal de contas, são nossas próprias histórias que estivemos lendo nos céus por todo esse tempo.

AGRADECIMENTOS

Primeiro, gostaria de agradecer à minha editora, Kaitlin Ketchum, que tem sido uma exímia guia durante a criação deste livro, e à designer de livros Betsy Stromberg, que mantém tudo nos conformes e faz com que fique lindo. Obrigada também a Jane Chinn, a Natalie Mulford e a Windy Dorresteyn, da editora Ten Speed Press.

Obrigada também a Julie e Jeff Oseid, minha mãe e meu pai, por me criarem entrando e saindo de planetários, bibliotecas, museus e jardins; por me ensinarem a amar o aprendizado e a descoberta; e por seu amor e apoio.

E finalmente, obrigada a Nick Wojciak, por ser uma constante caixa de ressonância e um melhor amigo inabalável.

SOBRE a AUTORA

Kelsey Oseid é ilustradora, autora e naturalista amadora. Suas ilustrações a guache enfocam assuntos da história natural, como taxonomia, biodiversidade e taxidermia, bem como assuntos relacionados, como astronomia e as formas como os humanos se relacionam com o mundo natural. **Nós e as Estrelas** é seu primeiro livro. É autora também de *Whales: An Illustrated Celebration* (2018), que explora o universo das baleias, golfinhos e botos, e de *Nests, Eggs, Birds: An Illustrated Aviary* (2020), dedicado aos pássaros. Ela mora em Minneapolis com o marido, Nick, e o filho. Saiba mais em kelzuki.com

MAGICAE é uma coleção inteiramente dedicada aos mistérios das bruxas. Livros que conectam todos os selos da **DarkSide® Books** e honram a magia e suas manifestações naturais. É hora de celebrar a bruxa que existe em nossa essência.

DARKSIDEBOOKS.COM

DARKLOVE.

WHAT WE SEE IN THE STARS
Copyright © 2017 Kelsey Oseid Wojciak
Todos os direitos reservados.

Publicado mediante acordo com Ten Speed Press,
selo editorial da Crown Publishing Group,
divisão da Penguin Random House LLC

Design original por Betsy Stromberg

Tradução para a língua portuguesa
© Dandara Palankof, 2021

Diretor Editorial
Christiano Menezes

Diretor Comercial
Chico de Assis

Gerente Comercial
Giselle Leitão

Gerente de Marketing Digital
Mike Ribera

Gerentes Editoriais
Bruno Dorigatti
Marcia Heloisa

Editora
Nilsen Silva

Coordenador de Arte
Arthur Moraes

Adaptação de Capa e Miolo
Retina78

Designers Assistentes
Eldon Oliveira
Sergio Chaves

Finalização
Sandro Tagliamento

Revisão
Denise Schittine
Talita Grass

Impressão e acabamento
Ipsis Gráfica

DADOS INTERNACIONAIS DE CATALOGAÇÃO NA PUBLICAÇÃO (CIP)
Jéssica de Oliveira Molinari — CRB-8/9852

Oseid, Kelsey
   Nós e as estrelas / Kelsey Oseid ; tradução de Dandara
Palankof. —Rio de Janeiro : DarkSide Books, 2021.
   160 p. : il, color

ISBN: 978-85-9454-102-5
Título original: What we see in the stars: an illustrated
tour of the night sky

1. Astronomia 2. Espaço exterior 3. Estrelas I. Título II.
Palankof, Dandara

21-2275   CDD 523.8

Índices para catálogo sistemático:
1. Astronomia

[2021]
Todos os direitos desta edição reservados à
DarkSide *Entretenimento LTDA.*
Rua General Roca, 935/504 — Tijuca
20521-071 — Rio de Janeiro — RJ — Brasil
www.darksidebooks.com